Karl Gustaf Andresen

Über Jacob Grimms Orthographie

Göttingen, Dieterich 1867

Karl Gustaf Andresen

Über Jacob Grimms Orthographie
Göttingen, Dieterich 1867

ISBN/EAN: 9783743661882

Hergestellt in Europa, USA, Kanada, Australien, Japan

Cover: Foto ©Thomas Meinert / pixelio.de

Weitere Bücher finden Sie auf **www.hansebooks.com**

UEBER

JACOB GRIMMS ORTHOGRAPHIE

VON

KARL GUSTAF ANDRESEN.

GÖTTINGEN.

VERLAG DER DIETERICHSCHEN BUCHHANDLUNG.

1867.

Vorrede.

Wenn als hauptzweck der gegenwärtigen schrift die thatsächliche darlegung der grimmschen orthographie, insofern sie aus seinen schriften erkannt werden kann, zu betrachten ist; so hat es doch weder vermieden werden können noch bedarf es der rechtfertigung, daß bei verschiedenen gelegenheiten, sei es nach einem allgemeineren oder mehr individuellen bedürfnis, eigene urtheile und ansichten beigefügt wurden. Daß dieß in möglichster kürze und oft durch bloße andeutung geschehen ist, wird der geneigte leser wahrnehmen. Zugleich möchte ich ihn bitten den gedanken abzuwehren, als ob ich in allen denjenigen fällen, welche mich nicht veranlaßt haben irgend einer bemerkung raum zu geben, eine beistimmende meinung hegen müste. Wie ich über die hauptsache, den grundkarakter dieser schreibung denke, habe ich früher hinreichend bekannt gemacht; meine ansichten sind seitdem nicht wesentlich verändert worden und dürften es auch künftig, wenn von neuem dem gegenstande eine vielseitige besprechung widerfahren sollte, nicht leicht werden, weil neue und tiefer eingreifende gründe, da man fast alles für erschöpft und erledigt hält, wie ich glaube, nicht mehr vorgebracht werden können.

Verwahren will ich mich gegen die zumuthung, als ob die allerdings großartige ungleichheit, welche in Grimms schreibung offenbar wird, noch umfangreicher hätte nachgewiesen und mit stärkeren ausdrücken der befremdung begleitet werden sollen. Ueber diese inkonsequenzen urtheile ich anders als man mir vielleicht zutraut; ja ich stehe nicht an, alles in allem erwogen und namentlich auch über die schreibung selbst hinausgesehen, sie in einem guten und günstigen sinne karakteristisch zu nennen. Nicht für alle fälle past der spruch: „beßer ist beßer"; wenn ein geringeres gut das größere zu beeinträchtigen droht, wird man es einstweilen fahren laßen. Ferner aber, was die mehrzahl anzunehmen pflegt, je kundiger einer in deutschen dingen sei, desto leichter werde er wißen wie er jedes wort zu schreiben habe, bin ich, so paradox dieß im ersten augenblicke klingen mag, beinahe umzukehren geneigt. Wer nur sonst einigermaßen unterrichtet und gebildet ist und die orthographie nicht als gewißenssache betrachtet, geräth beim schreiben selten in verlegenheit, da ihm der gebrauch bekannt ist, nach dem er sich richten will; der sprachforscher dagegen, welcher neben dem gebrauche ein anderes gesetz kennt und in anspruch nimmt, kann jeden augenblick in die lage kommen zu zweifeln, welches er zu befolgen habe. Wer will es nun so gar unbegreiflich finden, daß bei Grimm, dem einerseits die ganze fülle theoretischer erkenntnis zu gebote stand, andrerseits gegen das bestehende, auch wenn es ihm nicht zusagen mochte, große nachgibigkeit in der praxis innewohnte, je aus besonderen gründen oder auch nach individuellen stimmungen bald die eine bald die andre rücksicht überwog? Wahr ist es, daß dergleichen schwankungen für diejenigen, welche darauf acht geben, nicht geringe unbequemlichkeit mit sich führen; es ist aber, wenn man sich der mühe nicht verdrießen läßt, an ihnen mehr zu lernen, was für die verbeßerung der deutschen orthographie noth thut, als aus einseitigen erörterungen, welche für den vortheil der folgerichtigkeit manche sehr wichtige bedenken gar nicht aufkommen laßen.

Wer sich dawider sträuben sollte, daß ich neben dem von vielen seiten angefochtenen historischen *ß* doch *th*, dem auch die wißenschaftlichen gegner das wort nicht reden sondern bloß der um gründe unbekümmerte gebrauch huldigt, in meiner schreibung stehen laße, für den bemerke ich folgendes. Dem grundsatze *th* im in- und auslaut zu tilgen, im anlaut dagegen vorläufig beizubehalten, vermag ich, obgleich auch Grimm ihn stillschweigends häufig befolgt zu haben scheint, nicht beizutreten, weil für diese unterscheidung kein innerer noch äußerer grund einleuchtet. Wenn hieraus folgt, daß ja nichts hindere auch aus dem anlaute *th* zu verbannen, so frage ich, ob denn in diesem falle das dehnende *h* vor anderen buchstaben bleiben dürfe. Zwar bedarf man um sich gehör zu verschaffen mancher vermittelung: der vorgeschlagene weg ist aber kein eigentlicher übergang, sondern auf demselben wird einerseits das gleichartige und dem allgemeinen gebrauche gleich geltende äußerlich in zwei theile geschnitten, die alsdann so weit von einander abstehn, daß das bedürfnis ihrer wiedervereinigung auf dem ursprünglichen boden nicht empfunden und erkannt werden kann, und andrerseits bleibt eine ganze ebenbürtige reihe stehen, an der nur hie und da gemerzt wird. Bei der wahl nun zwischen der beseitigung aller und jeder dehnenden *h*, sie mögen sich eingedrängt haben wo sie wollen, und der praktischen nachgibigkeit gegen *th* in denjenigen fällen, wo ihm der allgemeinste gebrauch günstig ist, bedarf es nicht meiner langen überlegung um nach dem zweiten zu greifen. — Hinsichtlich der type ß entferne ich mich von der ansicht, welche Grimm in der letzten zeit gehabt und mehrmals geäußert hat. Er findet nemlich einen widerspruch darin, wenn dieß zeichen behalten werde, nachdem langes ſ ausgeschieden sei. Dieser widerspruch ist aber nur für den zerlegenden kenner vorhanden, nicht für die große menge der leser, welche sich durch erinnerung an das beseitigte ſ gewis nicht gestört fühlen werden, vielmehr in der einigermaßen neutral auftretenden figur eine nicht untreffende vertretung des individuellen lauts finden dürften. Dazu tritt noch, daß in solcher strenge

genommen auch damals, als ſ häufiger gedruckt wurde, die
type ß im widerspruch gestanden hätte zu ʒ, welches an
ihrer rechten seite nach Grimms bemerkung wie eine
locke herabhängt. Daß ich ſ aufgegeben habe, kommt
daher, weil ich den wenn auch immer sehr schwachen
gründen der abschaffung keinen entgegenzustellen weiß,
der stark genug wäre die entfernung von der jetzt üblichen weise hinreichend zu rechtfertigen.

Da nicht bei allen herausgehobenen schreibungen
Grimms zugleich angegeben worden ist, ob er sich auch
der anderen, dem gebrauche bekannteren form bedient
habe, so sei für alle fälle daran erinnert, daß es unter
den wörtern, welche für irgendwie schwankend gelten
oder gegolten haben, keine oder nur sehr wenige gibt,
die bei Grimm überall und allezeit in gleicher form auftreten. Habe ich aus seinen schriften z. b. „frölich, treflich" nachgewiesen, so folgt wenn nicht an sich selbstverständlich so doch aus dem zusammenhange der ganzen
darlegung, daß daneben auch die bekanntere schreibung
einhergeht, welche ausdrücklich zu belegen langweilen
müste. Häufiger indessen bin ich allerdings darauf be-
dacht gewesen beide schreibungen namentlich zu ver-
zeichnen und entweder besonders oder im allgemeinen
nachzuweisen.

Daß die ausgaben der benutzten schriften sich in
einiger schwankung befinden, namentlich insofern nicht
grade jedesmal derjenige abdruck gebraucht worden ist,
den man bei anführungen etwa vorauszusetzen pflegt,
wird keine störung bringen. Nur unnöthige mühe hätte
es verursacht, wenn ich z. b. bei belegstellen aus der
abh. über d. urspr. d. spr. genöthigt gewesen wäre auf
kl. schr. bd. I, der erst nach meinen aufzeichnungen erschienen ist, zu verweisen; grade so gut hätte vielmehr
die erste quelle, nemlich die abh. d. akad. d. wiß. v.
j. 1851, ausgereicht. Von der gesch. d. d. spr. ist die
1. ausg. benutzt worden, die 2. daneben bisweilen zu
stärkerer hervorhebung ungewöhnlicher schreibungen. Bei

der mythologie scheide ich die 2. ausg. von der 1. durch bezeichnung der theile I und II. Es durfte nicht angemeßen erscheinen, daß in den ausgehobenen beispielen die bunte mannigfaltigkeit der grimmschen schreibung auch denjenigen wörtern, welche orthographisch für den augenblick nicht in betracht kommen, zu theil werde, mithin alles grade so geschrieben, wie es sich an den einzelnen stellen zeigt. Vollends in dem abschnitte von der interpunktion müste es gerechtes misfallen erregen, wenn man abwechselnd z. b. *daß, dafs, dass, dasz* geschrieben fände. Deutsche schrift habe ich dann stehen laßen, wenn ich damit irgendwie den gedanken an größere anschaulichkeit glaubte verbinden zu können; in den meisten fällen ist sie, wie es die redaktion der kleineren schriften überall gemacht hat, in lateinische umgesetzt worden.

Wenn sich aus der thatsache, daß in einigen schriften Grimms, deren herausgeber er nicht selbst gewesen ist, die beiden haupteigenschaften seiner schreibung, lateinische buchstaben und minuskel, vermist worden, fast nothwendig die folgerung ergibt, daß auch im übrigen von seiner weise nach umständen werde abgewichen sein; wenn ferner auch das in frage zu stellen ist, ob sonst etwa von diesem oder jenem herausgeber an beiträgen Grimms orthographische änderungen, denen kein typographischer grund unterliegen kann, vorgenommen worden seien: so habe ich auf dergleichen wahrscheinliche oder mögliche fälle, zugleich auf etwaige einflüße der setzer sowol im allgemeinen geachtet als bei einigen besonderen veranlaßungen ausdrückliche rücksicht genommen. In betreff der mit dem bruder gemeinschaftlich herausgegebnen schriften lag kein grund vor anzunehmen, daß Jacob mit irgend einem theile der veröffentlichten schreibung uneinverstanden gewesen sei. Der 3. theil der märchen, welchen Wilhelm allein geschrieben zu haben scheint, ist bei seite gelaßen worden; dasselbe gilt vom buchstaben *D* des wörterbuches.

Auf großen widerspruch hinsichtlich des ß bin ich gefaßt, nicht aber darauf daß bekannt gemacht werde, an welchem orte Grimm einem wirklichen d. h. auf innere überzeugung gegründeten übertritte von dem einen in das andre lager deutlichen ausdruck gegeben habe.

Irre ich nicht, so wird meine schrift manchem willkommen sein; daß sie keinem ganz misfalle, wünsche ich hoffen zu dürfen.

Bonn, ende juli 1867.

K. G. A.

Inhalt.

	Seite
Einleitung	1
Große anfangsbuchstaben, deutsche und lateinische schrift	4
Schreibung der buchstaben.	
1. Vokale	11
2. Konsonanten	25
Eigennamen und fremdwörter	54
Silbentrennung, bindezeichen und apostroph	58
Interpunktion	64

Einleitung.

Unter den mancherlei besonderheiten, welche die sprache Jacob Grimms offenbart, fällt begreiflich keine einzige äußerlich so sehr in die augen als die schreibung der buchstaben und anderen schriftzeichen. Zwar legt der vergleich von schriften aus seiner ersten, aus der mittleren und aus der letzten periode eine überaus große ungleichheit an den tag, deren gründe, namentlich wo es am meisten darauf ankommt, gleichwol eher in praktischer nachgibigkeit, sei sie eine mehr bewuste oder unwillkürliche, als in theoretischen wandlungen zu liegen scheinen. In den frühsten zeiten hatte Grimm, dessen bestrebungen auf deutsche sprache von jeher standen (Wörterb. I, I), der erforschung der älteren poesie und rechtsverfaßung, insonderheit dem studium der poetischen sagen seine hauptsächlichste neigung zugewandt (Altd. meisterges. 4. Kleine schr. I, 18); erst in der grammatik tritt in großartiger weise die eigentliche und reine sprachforschung auf, deren unvergleichliches denkmal später durch das wörterbuch neu besiegelt worden ist. Aber in der vorrede zur geschichte d. d. sprache gesteht er ausdrücklich, daß diese forschung, der er anhange und von der er ausgehe, ihn doch nie in der weise habe befriedigen können, daß er nicht immer gern von den wörtern zu den sachen gelangt wäre. Da nun auf dem gebiete auch der für sich selbst und allein bestehenden sprachwißenschaft die orthographie doch nur einen beschränkten raum einnimmt, so läßt sich ungeachtet aller wirklichen

und scheinbaren gegenzeichen voraussetzen, daß einem
manne wie Grimm das geringere nicht als gleichberechtigte hauptsache erschienen sei *). „Fahren Sie fort",
schrieb er mir als ich zum erstenmal mich ihm genaht
hatte, „unsere sprache auch über die schreibung hinaus
zu erforschen." Mir selbst war es längst klar geworden,
und nicht am wenigsten aus der berühmten vorrede zum
wörterbuche, die sich so heftig gegen die heutige „schimpfliche" schreibweise ausspricht, daß Grimm durch das vorhandene ärgernis sich zwar beleidigt, niemals aber in
seinen darlegungen wesentlich gehindert gefühlt hat, bisweilen sogar mit einer art von gleichgiltigkeit und geringschätzung, welche indessen nicht ohne bittern beischmack sein mochte, die praktische seite des gegenstandes betrachtet zu haben scheint. Zu einer solchen würdigung stimmen die menge sehr auffallender ungleichheiten, deren ursachen nicht vorzugsweise in dem abstande der zeiten gelegen sind, welcher zum theil andere
verschiedenheiten aufweist und fast überall auf natürlichem wege aufzuweisen pflegt. Auch darf der umstand,
daß Grimm in der regel ohne viel nachzubeßern für den
druck schrieb, so wichtig er sich zur beurtheilung mancher unebenheiten seines stils zeigen mag, für die wortschreibung und zeichensetzung nicht allzu hoch angeschlagen werden. Hätte er es besonders darauf anlegen
wollen die als richtig erkannte schreibung, mögen ihr die
strengsten (vgl. Wtb. I, LXII) oder gemäßigte und heute
von seinen anhängern gern befolgte grundsätze innewohnen, in seinen eigenen schriften jederzeit aufs genaueste
zur geltung zu bringen, so würde er dadurch unstreitig
der orthographie einen großen dienst geleistet und manchem zweifler festeren anhalt verliehen haben. Wer aber,
dem sprache höher steht als schreibung, dürfte es nicht

---

*) vgl. Gramm. I², 519 und vorrede XVIII, wo er gesteht, daß
er über dem neutralen text „unsere" orthographie oft vergeßen habe.

vielmehr als gewinn betrachten, daß zu gunsten der sprache und ihrer erforschung, was bloße konsequenz der schreibung an zeit und mühe erfordert hätte, verwendet worden ist? Denn diese konsequenz bedarf in der that, wie jeder der ihr nachgegangen ist einräumen wird, bei dem jetzigen stande der dinge eines sehr bedeutenden aufwandes von umsicht und aufmerksamkeit. An demselben orte, wo er die strengsten forderungen der wißenschaft aufstellt, läßt Grimm seinem verdruß über den „schlendrian" der letzten jahrhunderte und die geringe empfänglichkeit des deutschen volkes für lautere schreibung den freiesten lauf. Die heutige sei gewißenlos, stecke in einer pedantischen luft, zäh und unberathen hange man an dem verhärteten schlimmen misbrauch; wer sich dawider erhebe, komme ungelegen u. s. w. Theils in einem gewissen gegensatze theils aber auch in übereinstimmung mit solchen klagen erkennt er die rathsamkeit kluger beschränkungen an und enthält sich nicht bloß aller überspannten reformen sondern oft sogar derjenigen abweichungen und neuerungen, denen er an besonderen stellen das lehrreiche und überzeugende wort redet. Dem sehr bald nach seinem tode in einer gedächtnisrede ausgesprochenen urtheil, Grimm sei in der rechtschreibung vorsichtig gewesen, soll nicht widersprochen werden; nur stelle man diese vorsicht in das richtige verhältnis und verwechsle sie nicht mit dem hauptgrundsatz einer richtung, der er grade von ganzem herzen abhold gewesen ist. „Damit das beßere künftig einmal hergebracht werde, hat man es zu beginnen" (Wtb. III, 2): von diesem gedanken war er durchdrungen; doch wer verargt es ihm, daß er nicht gegen den strom hat schwimmen wollen (vgl. Wtb. III, 699)? Bis zuletzt ist er der überzeugung treu geblieben, „daß die jetzt noch aufrecht gelaßenen orthographischen regeln sich über kurz oder lang gewaltig reinigen" und daß die deutsche rechtschreibung „aus ihrem gähren in ruhe treten" werde.

Große anfangsbuchstaben, deutsche und lateinische schrift.

In zwei punkten deutscher schreibung, deren wesentlichen zusammenhang er nicht bezweifelt (Wtb. I, LIV), hat sich Grimm die weitaus längste zeit seiner schriftstellerischen thätigkeit hindurch mit ununterbrochener konsequenz, wol wißend daß er hier die wenigsten widersacher finden würde, durch lehre und vorbild wirksam erwiesen, ich meine die abschaffung der majuskel für den anlaut der substantive und die herstellung der runden lateinischen im gegensatz zu der aus ihr entstellten eckigen sogenannt deutschen schrift*). Durchgedrungen ist beides seit der zweiten ausgabe der grammatik, also seit dem jahre 1822; die erste (1819) zeigt noch deutsche schrift**), sogar in englischen und anderen fremden wörtern.

---

*) Im jahre 1816 sprach er sich noch ausdrücklich gegen lateinische schrift für deutsche sprache aus.
**) Hoffmann von Fallersleben bemerkt zu den in Pfeiffers Germania IX heft 3 veröffentlichten briefen Grimms an ihn, daß mit ausnahme eines vom 10. juli 1822 seit nov. 1821 alle briefe lateinische schrift tragen, deutsche habe noch der vom febr. 1821, vom 1. jan. 1822 datiere der erste brief mit der lat. minuskel.

„Der große buchstab", heißt es Gr. I³, 27, „kann nur dazu dienen den beginn der sätze und reihen dann aber eigennamen hervorzuheben." Unterdes läßt Grimm lange nicht alle sätze, obgleich ihnen ein punkt vorhergeht, mit der majuskel anfangen. Namentlich im wörterbuch überwiegt innerhalb der durch absätze begrenzten rede der gebrauch der minuskel nach einem punkt. Man vergl. z. b. I, LIII, wo grade von großen anfangsbuchstaben gehandelt wird: hier schließen sich an den ersten satz („Alle schrift" u. s. w.) bis zum nächsten absatz sieben andere durch punkte von einander getrennte sätze an, welche allesamt mit dem kleinen buchstab beginnen; in der zunächst darauf folgenden rede tragen drei die minuskel, und nur der letzte ist durch die majuskel ausgezeichnet. Daß die wahl der einen und der andern gestalt sich auf logische gründe stütze, wird hier jedesmal sicher zu beweisen ebenso schwer sein, als weshalb ein schriftsteller häufiger einen punkt setzt, wo ein anderer mit einem semikolon, ein dritter gar mit einem komma ausreichen zu können glaubt. Selbst nach einem absatze zeigt Grimm ausnahmsweise die minuskel: im vorbericht des IV. bandes der weisthümer vom letzten jahre seines lebens steht sie sogar nach *allen* absätzen. Anmerkungen unterhalb des textes beginnen bald mit dem großen, bald mit dem kleinen buchstab: Gr. I³ z. b. findet sich regelmäßig der große, während Gr. II der kleine bei weitem überwiegt; in den sehr seltenen fällen des wörterbuchs entsinne ich mich bloß den kleinen angetroffen zu haben. Des gebrauchs der majuskel zu anfang der reihen pflegt sich Grimm zu enthalten; nicht einmal in der ersten steht sie immer, im wörterbuche, wo doch bei anführungen aus der poesie abgesetzt wird, durchweg nicht. Auch weicht er von der überall herschenden, im allgemeinen zum verständnisse nothwendigen regel, daß wirkliche eigennamen mit der majuskel versehen werden, in verschiedenen schriften, meist aber aus einem leicht erkennbaren ihm eigenthümlichen grunde, sehr oft ab. So steht Gr. I², XIV *hildebrand* (das ahd. gedicht), I², 29 *reginhart, meginhart, reinhart, meinhart* (in bloß lautlicher hinsicht betrachtet), I², XIV Reinolt v. d. *lippe*, II, 269 *ems, ens, etsch* (als ableitungen aufgeführt), II, 819 Casp. von der *rön* (dagegen III, 235 Casp. v. d. *Kön*), Gesch. d. d. spr. 164 fg. Reinh. F. LXXIX (und sonst oft) *alpen*, Haupts zeitschr. VIII, 8 fluß *wipper*; ja Gr. I² in dem abschnitt von ihrer deklination tragen die eigennamen samt und sonders die minuskel. Leichter begreift sich auch außerhalb grammatischer erörterung *benedictiner, cistercienser* (Reinh. C); vgl. *benedictinerklöster* (CI), aber *Benedictinerabtei* (LXXXI). Vereinzelt begegnet Gesch. d. d. spr. 113 *in ganz europa*, Kl. schr. II, 347 ein hochmütiger *westfale*. Dagegen liest man Gr. I², V nach *Gottes* güte, Kl. schr. II, 59 (und anderswo) *Heiden* und *Christen*, III, 3 *Muse*, in einem brief v. j. 1856 bei Pfeiffer XII, 1, 121 *Personal*, Abh. d. Berl. akad. 1845, 194 im *Norden*, Jornand. 45 und 55 wechseln *Ostsee* und *ostsee*. In zusammensetzungen mit dem eigennamen als erstem gliede schreibt Grimm fast durchweg den großen buchstab, z. b. *Zionswächter, Hermannschlacht, Schillerfest, Schweizersagen* (Kl. schr. I, 214. 381. 398. II, 74), *Rheinab* (I, 374), *Proteusähnliche* sagen (Myth. I, 405), ferner *Sundzoll, Oster* und *Johannisfeuer* (Kl. schr. I, 81. II, 221), sogar *Nordleute* (II, 96); dagegen vgl. *beduinenstämme* (II, 383), *schweizerchroniken* (Gr. I², XI), oben *benedictinerklöster*. Ein ähnliches übergewicht des ersten gliedes hat in älteren büchern Grimms, in denen noch deutsche schrift mit der majuskel waltet, schreibungen folgender gestalt erzeugt: in dieser Geist= und Wahrheitlosen Manier Irmenstr. 41, sowol Gift= als Feuerspeiend Edda 190, eine Fingersdicke Haut Sagen I, 165, dagegen Ir. elf. 19*) mit zwölf= pfennigs Nägeln. Auffallend geformt erscheinen die in erörterungen über lautverhältnisse bei Grimm sehr beliebten

---

*) In dieser schrift beider brüder vom j. 1826 findet sich auch (s. 43): Ich will Morgen gehen.

zusammensetzungen mit dem bloßen buchstab. Er setzt, und zwar überaus häufig ohne den das verständnis bequem fördernden ihm aber eigentlich verhaßten bindestrich, wovon später eigens gehandelt werden wird, bald den großen bald den kleinen buchstab, z. b. Abh. d. Berl. ak. 1845, 189 *Klaut*, Gesch. 844 *Ureihe*, *Areihe*, *Ireihe*, 863 dem *Alaut* einen *I* oder *Ulaut* vorherzuschicken, 917 *Aflexion*, 919 *Iableitung*, Wtb. II, 598 *Banlaute*, 610 *chanlaute*, III, 1 *elaute*, *ilaut*. Wenn gleich in einigen dieser beispiele der augenblicklichen sehr gerechten verlegenheit unvorbereiteter leser durch verschiedenheit des druckes innerhalb solcher zusammensetzung abgeholfen wird, so ist das grade in dem ersten und dem letzten, welche derselben gar sehr zu bedürfen scheinen, nicht der fall. Daneben läuft nun auch der buchstab getrennt einher, theils der kleine theils der große, z. b. Kl. schr. II, 434 aus der *u* reihe in die *i* reihe, Wtb. III, 1039 *ë* laut, *i* laut, 1210. 1211 *f* anlaute; Abh. d. ak. 1845, 188 der *G* formen, 189. 206 *K* laut (vgl. oben *Klaut* in ders. abh.), Kl. schr. III, 101 *L* form, *R* form.

Für die nicht allein von geographischen sondern auch von allen personennamen abgeleiteten adjektive auf -*isch* verlangt Grimm die minuskel und setzt sie regelmäßig, dagegen vorleiht er den von ortsnamen stammenden formen auf -*er*, welche bloß adjektivischen schein haben, die majuskel *). Demnach schreibt er Kl. schr. II, 356: aus *rheinbairischen* und *Elsäßer* urk. Obgleich die von ländernamen gebildeten adjektive ziemlich allgemein klein geschrieben zu werden pflegen, so hat doch Grimm auch eine zeit gehabt, wo ihm der große buchstab aus der feder geflossen ist, z. b. Wuk I ber Strainifchen Mundart, 1 in ber Serbifchen Sprache (bag. XXIII die ferbifche Spr.), Gramm. I¹, 106 Alt=Englifcher **) Gedichte;

---

*) vgl. Grimm bei Haupt II, 192.

**) ein wie vielfacher, im ersten augenblicke kaum übersehbarer abstand von *altenglischer*, wie später geschrieben wird!

ja noch Kl. schr. II, 34 sieht man: im *Osnabrückischen*
kirchspiel, Abh. d. ak. 1858, 80 *Gotländischen* gesetz. Mit
beziehung auf den ursprung aus städtenamen habe ich
oft die majuskel wahrgenommen, wenn die neutrale form
substantivische geltung hat; vgl. Kl. schr. II, 208 im
Braunschweigischen, Haupt VIII, 545 vom *Trierischen* und
Mainzischen aus durch Hessen. Daß Grimm früher den
von personennamen abgeleiteten formen die majuskel ver-
lieb, stimmt zu den verhältnissen, z. b. Wuk IV den 𝔅𝔞=
𝔱𝔢𝔯𝔰𝔠𝔥𝔢𝔫 𝔄𝔲𝔣𝔰𝔞𝔱, Gött. gel. anz. 1823, 3 𝔗𝔥𝔬𝔯𝔨𝔢𝔩𝔦𝔫𝔦𝔰𝔠𝔥𝔢𝔫
(doch ebenda und s. 4 𝔱𝔥𝔬𝔯𝔨𝔢𝔩𝔦𝔫𝔦𝔰𝔠𝔥), Savignys zeitschr.
I, 332 𝔡𝔦𝔢 𝔈𝔞𝔯𝔬𝔩𝔦𝔫𝔤𝔦𝔰𝔠𝔥𝔢 𝔷𝔢𝔦𝔱, Wien. jahrb. 32, 250 𝔅𝔢𝔯=
𝔱𝔥𝔬𝔩𝔡𝔦𝔰𝔠𝔥. Allein auch später stößt man noch dann und
wann auf die majuskel, z. b. Pfeiff. XII, 1, 115 des *Fi-
schartschen* gedichts, Kl. schr. I, 174 (v. j. 1860) des *Ziemannischen* wörterbuches *). Nichtsdestoweniger stammt
Grimms verwendung der minuskel für diese adjektive
aus früher zeit; sehr ausgeprägt tritt sie, um bei der einen
schrift stehen zu bleiben, bei Savigny III (v. j. 1817) entgegen, wo die nur reichlich 50 seiten begreifende abhand-
lung über die literatur der altn. gesetze folgende beispiele
hat: die 𝔢𝔯𝔦𝔠𝔥𝔦𝔰𝔠𝔥𝔢 𝔄𝔯𝔟𝔢𝔦𝔱, 𝔡𝔢𝔯 𝔬𝔟𝔦𝔫𝔰𝔠𝔥𝔢𝔫 𝔊𝔢𝔰𝔢𝔱𝔷𝔤𝔢𝔟𝔲𝔫𝔤, 𝔡𝔢𝔯
𝔥𝔞𝔨𝔬𝔫𝔦𝔰𝔠𝔥𝔢𝔫 𝔊𝔢𝔰𝔢𝔱𝔷𝔢, 𝔡𝔢𝔪 𝔪𝔞𝔤𝔫𝔲𝔰𝔦𝔰𝔠𝔥𝔢𝔫 𝔅𝔲𝔠𝔥, jene 𝔭𝔣𝔦𝔰𝔱𝔢=
𝔯𝔦𝔰𝔠𝔥𝔢 𝔄𝔲𝔰𝔩𝔢𝔤𝔲𝔫𝔤. Man sieht, daß sich Grimm nicht durch
rücksichten auf allgemeinen ruhm des namens **) oder
auf verhältnisse des wolklanges hat bestimmen laßen; mit
beziehung hierauf mögen noch einige proben aus späterer
zeit hinzugefügt werden: Gr. I², 21. Wtb. III, 1210
notkerisch, Gesch. X das *wirthische* buch, Gr. I³, XVI
biörnische samlung, 449 *raskische* schreibung, Wtb. I, LXV
des *frischischen* und *adelungischen* wörterbuchs, III, 400
eines *holkschen* jägers, 1815 die *sartoriussche* bibel, Reinh.
F. XVII von der *äsopischen* natürlichkeit, selbst der

---

*) Pfeiffer XII, 120 der *ziemannischen* arbeit.
**) Trotz der gewohnheitsregel ist es doch überall verbreitet zu
  schreiben: **homerisch, lutherisch, mosaisch, platonisch**.

phädrischen präcision, Haupt VIII, 549 das *herbortische*
werk, Myth. I, 150 ein *wuotanisches* geschäft, Kl. schr.
I, 83 ein *juniusisches* alter, II, 155 der *zeussischen* gramm.,
III, 46 die *wrightische* samlung, Pfeiffer II, 446 *loganisch*,
Merkels lex sal. LXXXIV eine *karlische* recension, Gött.
anz. 1863, 1367 einer *strikerischen* fabel. Bei der sub-
stantivform habe ich schwankungen und abweichungen
von der gegebenen regel wahrgenommen, die sich nicht
ganz auf verschiedenheit der zeiten zurückführen laßen.
So steht Sag. II, 342 Thüringer Hof, aber 245 braun=
schweiger Land, Gr. I¹, LV Galler Coder, aber XLVII
venediger Samlung und XLVIII toleder Concil; später
im Reinh. Fuchs begegnet: *amsterdamer* hs., *berliner* hs.,
lütticher gebiet, einen *genter* heiligen, ferner Zeitschr. d.
vereins f. hess. gesch. II, 137 des *marburger* wochenblatts,
145 *schaumburger* urkunde, Pfeiff. XII, 119 den *münchner*
Roth. Uebertragung der majuskel auf den plural der
anrede *Sie*, *Ihnen* u. s. w. ist auch Grimm eigen; man
vergl. seine widmungen an Savigny u. a. sowie seine pri-
vatbriefe [*]. Allein in grammatischen und historischen
untersuchungen über diese wörter, wo wenn auch etwa
nicht das verständnis unberücksichtigt so doch die höf-
lichkeit außenvor bleiben kann, genügt ihm auch die minuskel, welche z. b. in der abh. über den personenwechsel
in der rede (1856) durchweg herscht.

Seit dem feststehenden gebrauche lateinischer buchstaben mit der minuskel ist Grimm an manchen zeitschriften, welche deutscher schrift pflegen, wie früher
betheiligt gewesen, hat auch zu büchern, deren äußere
form dieselbe ist, vorreden geschrieben. Wenn es anerkennung verdient, daß herausgeber die ihnen von ihm
übersandten beiträge in dem gewande, welches er ihnen
verliehen, gelaßen haben (vgl. Liebrechts Pentam., Theol.
stud. u. krit., Volksmärch. d. Serben, Zeitschr. f. hess.
gesch.); so scheint es auf den ersten blick einigermaßen

---

[*] Vereinzelt kommt in diesen minuskel vor; vgl. Pfeiff. XII heft 1.

verletzend zu sein, daß er grade für die letzte fertig veröffentlichte arbeit seines lebens, eine rezension in den Gött. anz. v. j. 1863, der sitte dieser blätter gemäß sich die verhaßte schrift, wofern sie ihm noch zu gesicht gekommen ist, hat gefallen laßen müßen.

Zu den nachtheilen, welche Grimm Gr. I³, 27 anm. Wtb. I, LIII mit der deutschen schrift verbindet, wird auch gerechnet, daß ihr die *accente* entgehn. Diese bemerkung wird sich vorzüglich auf den fall beziehen, daß auch andere dialekte, namentlich der ahd. und mhd., wie es allerdigs sehr oft geschehen ist, etwa in diesem verunzierten kleide auftreten sollten. Da es sich indes nur um eine äußere stütze handelt, so dürfte ein wirkliches und wesentliches hindernis der verwendung des accents auch für deutsche schrift kaum vorhanden sein. Er ist aber im nhd. überhaupt unnöthig und würde nur zu vielfachen störungen anlaß geben. Grimm setzt ihn allerdings für die bequemlichkeit seiner grammatischen aufstellungen (Gr. 1², 519); außerdem trägt seit den letzten jahren (vgl. Wtb. III, 113) in fortlaufender rede den acutus ausschließlich der anlaut des zahlwortes *ein*, also *éin* *). Es macht mühe sich mit dieser bevorzugung, welche von einem schriftsteller, dem neutralität der schrift so hoch steht, keineswegs erwartet werden durfte, zu befreunden, zumal da die grenze des unterschieds, weil außer dem artikel auch das pronomen im spiel ist, vielfältig schwer bestimmbar scheint: was im mhd. dem leser überlaßen bleibt, sollte es auch im nhd. sein dürfen.

---

*) Gesch. d. d. spr. 2. ausg. s. 160 steht gesperrtes *ein*.

Schreibung der buchstaben.

1. Vokale.

Aus früheren zeiten sind hinsichtlich der dehnmittel, welche den hauptkarakter unserer jetzigen schreibung bezeichnen, abweichungen von der herkömmlichen richtung bei Grimm verhältnismäßig wenig bemerkbar. Verdoppelung des vokals findet in der noch heute bekannten weise statt, erstreckt sich mitunter sogar über dieselbe hinaus, wie Sag. II, 41. 82. 283 Schaam, II, 314 Saamen, I, 325 Seegen, Ir. elf. 214 queer. Auch noch später begegnet *seelig*, z. b. Gr. I³, III. Myth. I, 312. 313 (362 *selig*). Neben *maß, loß, schoß* zeigen sich *maas* u. *maaß* (Gr. I¹, 392. 551. Schmidts zeitschr. f. gesch. II, 271), *loos* (Lat. ged. 73. Andr. u. El. VI. X. 93 *). Gr. IV, 263. Sendschr. an Lachm. 70. Jornand. 54), *schoos* (März. II, 494. 495. 496). Fast regelmäßig schreibt Grimm *waare* (Wtb. I, 1677. III, 1038. 1696. IV, 46), selten *ware* (Wtb. III, 1449). Auffallend sind *graal* (Ged. d. mitt. 30) und *haal* (Kl. schr. II, 65), letzteres dem mhd. bâhel entsprechend, also f. „bahl." Es wechseln *speer* (Gesch. 43. 127. 136. 141. Bericht d. akad. 1851, 111) und *sper* (das. 110. Gesch. 17. 220. Kl. schr. II, 320. Wtb. III, 1804), *heerd* (Gr. I³, 215. Kl. schr. II, 65 viermal) u. *herd* (Wtb. I, LXIV), *heerde* (Gesch. 123. Gr. I³, 215. IV, 722) u. *herde* (Gesch. 2. 18. Kl. schr. II, 106. 248), *boot* und *bot* (Edda 123. 127. Kl. schr. II, 91. 92). Schon März. II, 341. 420 liest man *mos*, außerdem z. b. Gesch. 207. Wtb. III, 749. 1632. Für *aas* (Gesch. 1010) tritt Reinh. XXII

---

*) das s. 125 gelest.

und mehrmals CCLXXXII, auch Myth. II, 637 die ungewöhnliche form *as* auf; ebenso verhält sich *al* (Wtb. III, 1496) f. *aal* (vgl. Wtb. I, 5): dem gebrauche weit weniger zuwider ist *sal* (Wtb. I, XXXIV), das gleichwol vor der andern form weit zurücksteht, während März. II, 466 Ausſat wiederum befremdet. Die vereinfachte schreibung *Achen* (Wtb. III, 369) empfiehlt sich jedweder nachahmung, desgleichen *kaffe* (Wtb. III, 1598. 1631), letzteres auch wegen der betonung. Neben *baar*, das namentlich in der gramm. sehr häufig vorkommt, findet sich nicht selten *bar*, z. b. Urspr. d. spr. 30. Kl. schr. II, 402. III, 428. Wtb. I vorrede; in der Schillerrede steht *paaren* als verb, *paren* als nomen (Kl. schr. I, 379. 385). Gleich sehen aus *star* als vogelname (Urspr. 19) und *star* als augenkrankheit (Gr. II, 557. 683. Wtb. III, 1495. 1499).

Viel mehr stoff bietet das dehnende *h*. Wenn auf diesem unsicheren gebiete die grösten widersprüche und ungleichheiten, deren einige zwar in dem unterschiede der zeiten begründet sind, offenbar werden, so trägt schwerlich der einzelne, am wenigsten der einsichtsvolle kenner, wol aber die unordnung und verwirrung des gegenstandes die größere schuld. Von selbst versteht es sich, daß Grimm in älteren schriften die mehrzahl solcher *h* gebraucht hat; einige, deren sich auch die allgemeinere sitte überhoben zu fühlen pflegt, scheinen ihm auch noch in viel späterer zeit geläufig gewesen zu sein. Was heute niemand mehr schreibt, steht in den sagen und elfenmärchen, Oehl und Ehle (elle); Pohlen begegnet Gr. I¹, 606 und öfter, Huth Edda 201, both in Schlegels mus. I, 396. Ebenda findet sich Mährchen, während auf der folgenden und einer kurz vorhergehenden seite desselben aufsatzes die später zahllos vertretene reine form gezeigt wird; Meisterges. 186 hat Mährlein neben Mären. Außer Sag. II, V und an anderen orten jener zeit sieht man *gebähren* noch Gr. III, 377. Andr. u. El. 127, *erdgebohrnen* im Bericht d. akad. 1839, 256, *ge-*

bährdet in einem briefe bei Pfeiffer XI, 388, gebehrben
Arm. Heinr. 125; ein anderer von Pfeiffer (s. 381) veröffentlichter brief bietet *verlohren*. Bemerkenswerth ist
der namentlich in der gramm. stark hervortretende wechsel von *holen* und *hohlen*; letztere heutzutage allgemein
gemiedene schreibung begegnet Gr. I¹, 589. I², VIII. 91.
179. 836. 843. II, XI. 116. 400. 404. 665. 748. 797. III,
514. IV, 627 (das. auch ohne *h*). I³, 153. Nicht geringere beachtung verdient die wahrnehmung, daß Grimm
die dem heutigen gebrauche bekannte, vom schulunterricht empfohlene vorschrift, *malen* (pingere) und *mahlen*
(molere) zu sondern, grade umzudrehen geneigt ist; vgl.
mhd. mâlen und maln. Für die einfache schreibung wären belege überfluß; *mahlen, mahler, gemühlde* finden sich
z. b. Gr. III, 355. 546. IV, 773. Myth. 285. Kl. schr. I,
30. 72. 74. Wtb. I, LIV. 1183. Geselr. d. d. spr. öfters.
Damit scheint auch das *h* in *mahl* und dessen zusammensetzungen (*damahls, zumahl, denkmahl*) übereinzustimmen;
vgl. Gr. I², VI. VII. VIII. X. XII: doch ist in den folgenden theilen der gramm. dieses *h* fast ganz wieder gewichen. Ausnahmsweise trifft man *willkühr* (Arm. H. 146.
Gr. I², 135. Wuk X), *nahme* (Altd. w. I, 125. Myth. 90),
prophezeihen (Myth. 640), *alphabeth* (Gr. I², 46), *rothwelsch* (Wtb. III, 1576; ohne *h* 1819. 1820. 1822). Nur
die märchen, wie ich glaube, haben als adj. *gahr*, im unterschiede vom adv. (vgl. I, 459. II, 26). Nahe bei einander schwanken *blüthe* (Ir. elf. 200. Gr. I², XII) und
blüte (Ir. elf. 209. Gr. I², V), welches letztere bald allein
zur herschaft gelangt ist. Gewöhnlich schreibt Grimm
draht (Wtb. I, 1663. III, 148. 287. 369. 1699), seltener
drath (Gr. III, 453. Myth. II, 794) und *drat* (Wtb. III,
1392. Myth. II, 1036); *naht* steht Sag. II, 242. Wtb. I,
1168. III, 354, *nähterin* Wtb. III, 448. Im gegensatze zu
all dergleichen mit dem *h* versehenen formen befindet
sich die sehr weit ausgedehnte weglaßung des vom allgemeinen gebrauche begünstigten dehnzeichens. Ich finde
stelen Wtb. III, 1441, *still* Volksmärch. d. Sorb. XI, ge-

stolen Sag. I, 135 (neben *stehlen*). Gr. I², XVII, *verstolen* Personenw. 48. Kl. schr. I, 75. II, 49. 866, *diebstal* Gr. III, 474. Sendschr. an Lachm. 71 (gleichfalls neben *stehlen*). Sparsam begegnet *helen* (Kl. schr. I, 72), auffallend Gr. IV, 65: „*verholen, was gehehlt* wird." Während Grimm sehr oft, wie vorhin bemerkt, *mahlen* (pingere) geschrieben hat, pflegte er in späteren zeiten nicht minder gern dem von *malen* (molere) abgeleiteten *mühle* das allgemein übliche *h* zu entziehen, mithin *müle* zu schreiben, z. b. Gesch. 21. Haupt. IV, 512. Myth. II, 753. Kl. schr. II, 88. 89 (neben *mühle*); „mel" dagegen entsinne ich mich nicht irgendwo gesehen zu haben. Eigenthümlicher noch verhält sich dem oben verzeichneten *hohlen* (holen) gegenüber die ebenso ungebräuchliche vereinfachung in *hol, höle, hölen* (Gr. IV, 729. 752. Gesch. 16. Myth. 36. 243. I, 611. Kl. schr. I, 121. II, 257. 426. Haupt. IV, 504. Wtb. I, 1161). Auf einer und derselben seite stehn Andr. u. El. XVI *erzälen* und *erzählung*, Myth. II, 996 *ausfahren* und *ausfarten*, Gesch. 495 und 2. ausg. 346 *pfahl* u. *pfal*. Gleichen schritt ungefähr mit der sonst allein gangbaren form *stuhl* hält in vielen schriften die ungedehnte *stul* (Gr. IV, 775. 901. Myth. 97. Kl. schr. I, 162. Zeitschr. f. hess. gesch. II, 148 mehrmals. Reinh. F. IX. Wtb. I, 744. II u. III häufig). Aehnlich steht es um *strahl* und *stral*, nur daß hier dem gebrauche mehr freiheit eingeräumt sein dürfte. Einigemal hat es Grimm gewagt *han* und *hun* zu schreiben (Reinh. CIII. Sendschr. 71), *hünchen* (Gr. IV, 757), *rebhun* (Sendschr. 105), häufiger *hüner* (Sendschr. 71. Wtb. III, 1754 und anderswo); bei Savigny II, 81 ist die rede vom „*hahn,* der bei den *hünern* gewacht." Verschiedentlich zeigt sich *hankrat,* z. b. Myth. 354. Kl. schr. II, 71. 72. Als vereinzelt stehend führe ich an: *erdrönte* (Märch. II, 343. 380; *dröhnte* 449), *kolschwarz* (Myth. 529. 531), *gewonheit* (Gr. IV, 820), *verwarlosung* (Kl. schr. III, 314). Neben *froh* begegnet *frölich* z. b. Kl. schr. III, 187; *bule, buler* liest man Wtb. II, 172. Kl. schr. II, 321. Von einem unterschiede zwi-

schen *wohl* und *wol* melden Grimms schriften nichts; die letztere schreibung überwiegt so sehr, daß beispiele der dehnung (Gr. III, 604. IV, 285. Kl. schr. II, 314) als ausnahmen betrachtet werden können. Folgerichtig wird auch *wollaut, wolklang* (Gr. IV, V. 268), *wolthätig* (Urspr. 23) u. s. w. geschrieben. Sehr selten ist *vornehmlich* (D. beid. ält. d. ged. 14), regelmäßig *vornemlich* oder *vornämlich*, worüber unten mehr. Einer überaus großen beschränkung hat Grimm das *th* überwiesen, dessen gänzliche beseitigung (für *t*) von ihm theoretisch verlangt wird. Daß er bei Haupt VIII, 412 schreibt: „guter *rat theuer*", hängt mit einer gewohnheit zusammen, welche einigen seiner anhänger anlaß zur aufstellung einer bekannten „vorläufigen" regel gegeben zu haben scheint. Grimm scheut sich in wirklichkeit, was er Wtb. I, LVIII als allein richtig bezeichnet, „tal, teil, tor, tat" zu schreiben, während er im auslaut der vereinfachung freien lauf läßt, z. b. *wut, wüten* (fast durchstehend, schon Gr. 1¹, 551), desgleichen *mut, gemilt, demut, anmut, vermuten, mutmaßen* u. s. w., *rat, gerüt* (Wtb. II, 169 neben *gerüth*), *rätsel* (Kl. schr. II, 153), *hausrat* (Wtb. II, 168), *vorrat* (Urspr. 47), *zierrat* (Gesch. 17. Myth. 284. 318), *ratschlag* (Wtb. I, 724), *geraten* (Urspr. 49), *heiraten* (Gr. IV, 61. 694), *verraten* (Urspr. 44), aufs *geratewol* (Haupt VIII, 112), *rute* (Wtb. I, 746. Myth. XII. I, 103). *Armut* (Gr. 1³, 22. IV, 64) hat als ableitung allgemeinen beifall; Gr. 1², XIII. XIV. III, 67 steht noch *heimath*. Wegen der vokalkürze gilt *wirt, bewirtung* (Gr. II, 925. IV, 337. Kl. schr. II, 31. 177. 178) für besonders empfehlenswerth. — In betreff der organischen *h* dürfte mit einer einzigen berühmten ausnahme nichts sonderliches mitzutheilen sein *).
Sie bezieht sich auf das wort *allmählich*, das ehedem auch Grimm von „mal, mahl" abgeleitet zu haben scheint. Nachdem er schon vorher die richtige etymologie („all-

---

*) In einem bei Pfeiffer XII, 126 abgedruckten briefe steht: „Sie haben mich auf *weinachten* mit *weihnachtspielen* beschenkt."

gemächlich") offenbart hatte (vgl. Schmidts zeitschr. f. gesch. II, 271), heißt es im wörterbuche gradezu: „die schreibung *allmählich* ist genauer als *allmälich*, doch ganz falsch *allmählig, allmälig*." Der zweiten von den beiden zuletzt genannten formen wird sich Grimm kaum mehr nach dem j. 1822 bedient haben, wol aber der ersten, was in der hauptsache keinen unterschied macht; während die beiden als richtig bezeichneten schreibungen einander im ganzen ungefähr das gleichgewicht halten und nur im wörterbuche die weniger genaue allein zu herschen scheint. *Allmälig* steht z. b. Altd. w. I, 125. März. II, 196. Gr. I¹, IV. IX, *allmählig* Arm. II. 151. Altd. w. II, 154. 156. 157. März. II, 448. Gr. I², VIII. IX. 7. 447. 1022. 1053. 1057. II, 8. 31. 60. 166. 305. 651. Kl. schr. I, 189 (v. j. 1860), *allmülich* Gr. III, 8. 12. 13. 19. 23. 27 u. s. f. IV, 3. I³, 8. 27. 32. 46. Rechtsalt. 304. 316. 330. 358 u. ferner. Gesch. 913. 917. 934. 935. 946. 947. Urspr. 8. 10. 22. 34. Kl. schr. I, 67. 72. 194. II, 444. Wtb. I, 5. 8. 10. 169. 251. 268. 725 u. s. w. II u. III, *allmühlich* Sag. I, 73 *). Gr. I², 89. 184. 345. 1042. 1043. 1046. 1051. II, 96. III, 104. 452. 605. IV, 741. 921. I³, 34. 121. Rechtsalt. 242. 297. 300. 439. 557. Kl. schr. II, 453. Gesch. 898 (hier vereinzelt). Haupt. II, 2. Lange nicht alle schriften Grimms, wie man sieht, sind hier verglichen worden, was überhaupt in keinem falle nöthig scheint, in vielen belästigt; dagegen liegt die verschiedenheit der zeiten vor, innerhalb einer jeden zugleich jener mangel an konsequenz, von dem die rede gewesen ist.

Dem weit erstreckten gebrauche des das kurze *i* dehnenden *e* hat Grimm nur in einzelnen fällen, von der allgemein üblichen beschränkung abgesehn, praktische anerkennung versagt. Im einklange mit der einfachheit in *gibt* zieht er es vor zu schreiben: *ergibig* (Andr. u. El. III. Gesch. 756. 829. Urspr. 10. 55. Kl. schr. I, 377. II, 196. 379. 383. Personenw. 35. Gr. I³, 7. 569. Weisth. I, IV.

---

*) ungewöhnlich um jene zeit.

III, III. IV, V. Wtb. I, XXX. LXVIII. 179. 868), *nachgibig* (Gr. I³, XV. 220. Gesch. V, 439. Urspr. 52. Wtb. I, LXIII. 1198), *ausgibig* (Gr. I³, XIII. Gesch. 1034. Wtb. I, 875). Zu der schreibung *giebt*, auf die man bisweilen und namentlich in älteren schriften stößt (Arm. H. 142. 153. 155. Märch. I, XXIV. XXV. 2. 18 u. s. w. Ir. elf. LXXXV. D. beid. ält. d. ged. 19. 20. 26. 38. Gr. IV, 32), stimmen *ergiebig*, *nachgiebig* (Gr. I², V. 282. Gesch. 197. Kl. schr. III, 372. Wtb. I, 1482). Mit *gibt* einigen sich die ungewöhnlichen formen *schirt* (Reinh. LXXV, aber CXII *schiert*), *stilt* (Volksmärch. d. Serb. XI). Obgleich Grimm dem eingeführten abstande zwischen *wider* und *wieder* zu jeder zeit nachgegeben hat (vgl. Gr. II, 796. 874), so begegnet doch auch, wo man ihn nicht erwarten durfte, der einfache vokal, z. b. Abh. d. ak. 1845, 221 *widerum*, Myth. I, X *unwiderbringlich*; mehr fällt natürlich bei *wiederfahren* (Märch. II, 22. Ir. elf. XXX) das umgekehrte verhältnis auf. Einzeln habe ich wahrgenommen: Kl. schr. I, 233 *niderschlag*, Wtb. III, 1677 *gibel* (mhd. gëbel, gibel). Es wechseln *schmid* (Gr. II, 452. 456. 524. Gesch. 145. Wtb. III, 1901) und *schmied* (Gr. I², 695. I³, 306. Gesch. 347. Myth. 252. 317. 536. 697), auf derselben seite (Myth. 221) *schmid* und *schmiedelehrling*; D. beid. ält. d. ged. 77 steht *schmidt*. Im Wtb. I, 805. 806. 807. 808 liest man zwar *augenlieder*, aber I, 788. III, 1618. Kl. schr. II, 438 *augenlider*. Während Reinh. CCLXXIII zweimal die schreibung *tieger* überrascht, scheint dagegen *paradis* (Kuhns zeitschr. I, 79. Urspr. 22. 37. Reinh. CIV. CXXI. Myth. II, 767. 781. 782. 783 u. öfter, aber 858 mit *ie*), nachdem das dem mhd. paradîs entsprechende ältere „paradeis" aus dem gewöhnlichen leben geschwunden ist, nicht übel berechtigt zu sein. — Es läßt sich voraussetzen, daß dem gemeinen gebrauche widerstrebende kürzungen des organischen *ie* in *i* bei Grimm nicht leicht gefunden werden: man würde *hifhorn* (Myth. 881) dahin rechnen können, wenn nicht die das bekannte „hüfthorn" vermittelnde form „hifthorn" schon jene kürzung enthielte. Anders ist zu beurtheilen, daß er („mit unrecht", heißt es Wtb. II, 1120) einigemal (Gesch. 124. Wtb. I, 187) *dinstag* geschrieben hat; diese form hat stets ihre liebhaber gehabt und weiß sie sich zu erhalten, daher sie denn auch wol mal einem gegner in die feder gerathen kann. Dagegen verdient die rettung des echten diphthongen in zwei fällen, wo er dem bloßen *i* zu unterliegen nahe daran oder bereits unterlegen war und auch gegenwärtig noch mit diesem um die herschaft zu streiten hat, ausdrücklicher hervorhebung. Der erste fall betrifft die prät. *fieng, gieng, hieng*, deren gekürzte aussprache auch fehlerhafte schreibung nach sich gezogen hat *), wie denn von Grimm selbst in früheren zeiten und einzeln auch später *fing, ging, hing* geschrieben worden ist, z. b. durchstehend Arm. Heinr. und Sag., außerdem *fing* Meisterges. 28. März. II, 9. Myth. 309. 575, *ging* Altd. w. I, 165. 173. III, 39. 191 (II, 112 *fieng*). Meisterges. 28. Andr. u. El. 108 (115 und öfter *gieng*). Myth. 308. Gr. I³, 363. Kl. schr. II, 206. Rechtsalt. 908, *hing* Altd. w. II, 45. III, 284. März. I, 483. II, 5. 122 (123 *hiengen*). Gesch. 22. Der zweite fall hat es mit der endung — *ieren* zu thun, der man ebenfalls das *e* entziehen zu müßen geglaubt hat**). Grimm schrieb noch — *iren* Altd. w. und Gr. I¹, folgerichtig mithin auch *regiren* (Altd. w. III, 208. Irmenstr. 62. Gr. I¹, 641); Meisterges. 15 steht *regiere*, aber 3 *excerpiren*, 4 *citiren*; Wuk 16 *moulliert*, 19 *moullirt*; Kl. schr. II, 105 *personificirt*, 109 *personificiert*. Wien. jahrb. 32 finde ich s. 249 *diktirt* und *excerpierten*, 251 *etymologisiert*, 252 *existiren*; bei Kuhn I, 206 *componirt*, aber 217 *glossiert*; Kl. schr. II, 330 *identificiren*, III, 5 *construirten*. Die grammatik hat von I² an regelmäßig — *ieren*, einzelne ausnahmen (I², 180. 791. II, 83. 409. 959. I³, 487) können nicht verwundern. Kräftiges bewustsein der organischen richtigkeit hat einmal die schreibung *liechterlohe* (Gr. I³, 564) hervorgerufen. Dehnung

---

*) vgl. Gr. I³, 372. Gesch. 870.
**) s. Kl. schr. I, 369 in der abh. über das pedantische.

des kurzen *i* und kürzung des organischen doppellauts bilden einen gegensatz, sie sind hier deshalb nacheinander berührt worden. —

In dem nhd. wechsel zwischen den umlauten *e* und *ä* (mhd. *e*) tritt Grimms entschiedene neigung zum *e* hervor. Er schreibt nicht bloß nach gewöhnlichem brauche *eltern* (Sag. II, 298 *ältern*), *ermel* (Sag. II, 265 *ärmel*), *ernte, hering* (Jr. elf. 212 *häring*), sondern auch mit ersichtlicher vorliebe, was mit dem eigennamen zusammenfällt, *becker*, z. b. Lat. ged. 109. Rechtsalt. XIV. 811. Myth. 390. 541. 704. Wtb. I, 11. 98. 264. 907. 958. 1215. 1216. III, 1708 (März. I, 376 *bäcker*, aber 349 *beckerladen*; Kl. schr. III, 420 *bäckersknecht*), ferner *merz* Rechtsalt. 798. 824. Myth. 158. 180. 447. Wtb. I. LXVIII, *lerm, lermen* Myth. 172. 238. 293. 402. 403. (Kl. schr. II, 423 *lärm*), weit überwiegend *grenze*, z. b. Gr. I², VIII. 166. II, IX. I², 4. Gesch. 12. Kl. schr. II unzähligemal und regelmäßig in der abh. „deutsche grenzalterthümer" (März. I, XXVI. Gr. I², 74. 96 *gränze*), durchweg *Italiener, italienisch*. Obwol in den ersten und mittleren zeiten *nämlich* oft genug begegnet (Gr. I², 10. 222. 282. 331. D. beid. ält. d. ged. 25. Kl. schr. I, 87), ist doch im ganzen genommen *nemlich* die bei weitem bevorzugte, zuletzt seit einer reihe von jahren allein herschende form. Es schwanken *schlägel* (Wtb. II, 279) und *schlegel* (Wtb. II, 393. 582), *schämel* (Myth. 636. II, 995) und *schemel* (Myth. II, 1033), *überschwänklich* (Myth. II, XLVI. Wtb. III, 751) nebst *überschwenglich* (Gött. anz. 1833, 109) u. *überschwenklich* (Gött. anz. 1828, 546). *Keñoh* (lat. cavea) zeigt sich Reinh. XLVII, *bermutter* (mhd. bermuoter) Myth. II, 1132, *scherfe* (schärpe, frz. écharpe) Wtb. III, 1480, *merzen* Gesch. 698.

Diejenigen fälle der verwandlung des langen *ä* (mhd. *ae*) in *e*, welche der schreibgebrauch festgesetzt hat (genaeme, genehm), gelten auch Grimm als unantastbar; sind sie nicht durchaus gesichert, so läßt er wol das ursprüngliche zeichen (ä für ae) sehen. Regelmäßig schreibt er *gebärde* (ahd. kipârida), bisweilen (Wtb. II, 308) *wild-*

brät (mhd. wiltpraete). Es fragt sich, ob das *ä* in *vornämlich* (Gr. I², 27. 232. II, 406) dem *ae* in vürnaeme, vornaeme (vornehm), woher das wort ohne zweifel stammt, entsprechen soll; man stößt auch auf *vornemlich* (Gr. I³, 421) und *vornehmlich* (oben s. 15). In der schreibung *gäng und gebe* (Heidelb. jahrb. 1816, 308. Andr. u. El. 136) offenbart sich umkehrung der beiden organischen vokale (genge, gaebe sind mhd. adj.); *gäbe* indessen begegnet Jornand. 52. Andr. u. El. XL. Zeitschr. f. hess. gesch. II, 144, „geng" schwerlich irgendwo. Ueber *stets* u. *stäts* vgl. Gr. III, 92; *stete*, *stetigkeit* kommen Gr. II, 81. 850. Kl. schr. I, 165. II, 420 vor, *stät*, *stätig*, *unstätigkeit* Sag. II, 95. 141. Gr. II, 679. 920. Kl. schr. I, 75 u. öfter.

Heute übliches *ä* aus mhd. *ë* wird von Grimm in einzelnen wörtern nicht immer beibehalten, z. b. *heher* Myth. 393, *bescheler* Gr. III, 325 (bei Merkel XXIX. Wtb. III, 1338 *beschäler*); dagegen hat er einst (Sag. und Gr. I¹) sonderbarerweise oft *büten*, *gebüt* (mhd. bëten, gebët) geschrieben.

Ein umlautendes *ä* aus mhd. *ë* trägt den widerspruch in sich selbst; dennoch gibt es manche, welche meistens freilich gewohnheitsmäßig und unbewust beharrlich *ächt* für *echt* schreiben. Als die ableitung *) noch im dunkel lag, zeigte auch Grimm die verwerfliche form hie und da, vorherschend Gr. I¹, ferner z. b. Meisterges. 7. 180. Gr. I², 205. Anstatt „zehe" (mhd. zêhe) ist mir Irmenstr. 63 *zähe* entgegengetreten.

Aus *e* hervorgegangnes *ö* läßt Grimm überall, wo die gebildete aussprache nicht schwankt, unangefochten; mit *ergötzen, ergötzlich* (Meisterges. 31. Andr. u. El. 138. Lat. ged. 382. Gesch. 47) wechselt *ergetzen, ergetzlich* (Lat. ged. 321. Gesch. 17. Wtb. I, 1148). Für *welfe* oder *welpe* (Kl. schr. II, 109) steht Sag. II, 292 *wölpe*.

In dem gleichfalls durch dialektische ausweichungen erzeugten verhältnis von *i* zu *u* und umgekehrt ist meh-

---

*) zusammenziehung aus niederd. ëhacht, hochd. ëhaft (legitimus).

rerlei wahrzunehmen. Zuerst von wörtern mit echtem *i*. Hier schwanken *hilfe* und *hülfe*, *giltig* und *gültig* nebst ihren angehörigen an zahllosen stellen, deren jedoch einerseits *hilfe*, wenn ich mich recht umgesehen habe, andrerseits *gültig* die meisten aufzuweisen scheint. Der verkehrung von *sprichwort* in *sprüchwort* hat Grimm nicht raum gegeben; jene form zeigt sich z. b. Gr. II, 679. IV, 131. 132. Rechtsalt. 717. Wtb. I, 274, diese ausnahmsweise Rechtsalt. 36. Mit unverkennbarer absicht legt er die dem umgedeuteten *sündflut* zu grunde liegende form *sinflut* vor augen (vgl. Myth. I, XIV. XXXIV. 526. 538. 539. 541 fg. II, 935. Gesch. 635. 684. Kl. schr. II, 98. 460. Wtb. I, 1807); es begreift sich, daß auch das entstellte wort vorkommt, z. b. Gr. II, 554 (vgl. 223). Myth. 473. Die unberechtigte und dazu unübliche schreibung *gebürge* tragen nur ältere schriften (Sag. und Ir. elf.) Dem allgemeinen gebrauche gilt heute *wirken*, *wirklich*, nicht *würken*, *würklich*, wie die aussprache gewisser gegenden und leute hören läßt: gleichwol ist *ü* an sich reichlich so begründet als *i* (vgl. Gr. I³, 221. 549), daher denn auch Grimm jenem vokal keineswegs ausgewichen ist, z. b. Arm. H. 185. Gr. III, 771. Haupt I, 5. II, 2. 268. 270. 271. 273. 274. V, 72 und öfter*). Aehnlich ist das verhältnis von *Wirzburg* und *Würzburg* (vgl. Gr. I³, 222 gegen I², 413); mit *i* steht der name geschrieben Kl. schr. III, 9. 21. 102. Myth. 177. Gr. IV, 258. I³, 5, mit *ü* Gesch. 330 und anderswo. Häufiger als *spritzen* (Märch. II, 197) meine ich *sprützen* gesehen zu haben, z. b. Gr. II, 487. Myth. 214. 316. 353. 605. Wtb. I, 1712. Zu der bemerkung im wörterbuche, daß heute fast die schreibung *fündling* überwiege, stimmt Grimms eigener gebrauch (Rechtsalt. 556. 560. Kl. schr. I, 225); *spitzfündig* trifft man Gr. I², 558. Wtb. I, 61, *spitzfindig* Wtb. I, 1424, *ausfündig* Kl. schr. III, 44, *ausfindig* Gr. III, 278. 591. IV, 962. I³, 35. In einigen wörtern, denen anstatt des älteren *ü* vom gemeinen ge-

---

*) Hier hat vielleicht die gewohnheit des herausgebers gewirkt.

brauch *i* verliehen worden ist, hat Grimm neigung verrathen den reinen vokal herzustellen. Dieß gilt insbesondere von *knüttel* (Märch. II, 364. 365. Myth. 605. Wtb. I, 61. III, 1384), während schwankend bald *küssen* (Rechtsalt. 242. Myth. II, 1156. 1227) bald *kissen* (Andr. u. El. 123. Myth. 632. Kl. schr. II, 290. Wtb. I, 559. 560. 1198) angetroffen wird. Für *trügen, betrügen* (Edda 199. Gesch. 446. 785), deren *ü* aus *ie* hervorgegangen ist, hat es Grimm weit vorgezogen, in der letzten zeit vielleicht durchstehend, *triegen, betriegen* zu schreiben, z. b. Edda 226. Andr. u. El. 129. 155. 168. Kl. schr. I, 242. Ged. d. mitt. 46. 53. Gesch. 347. 741. Myth. 548. Wtb. durchweg; *betrieger, untrieglich* (Myth. 394. 531. 586) folgen ebenfalls. Außer der echten und edelsten form *hiefhorn* (Myth. 521. Wtb. III, 1883) finden sich auch *hifthorn* (Sag. I, 398) und das umgedeutete *hülfthorn* (Märch. I, 68. 69, in den Sagen Hüft=Horn geschrieben), so daß, jenes oben s. 17 wahrgenommene *hifhorn* hinzugerechnet, im ganzen vier unterschiedene klänge und noch mehr schreibungen eines und desselben wortes aus Grimms schriften dem leser entgegentreten.

Dem grundsatze, daß dem fremden *y* kein platz in deutschen wörtern einzuräumen sei, hat Grimm seit dem 2. theile der grammatik fast durchgängig praktisch entsprochen. In älteren schriften (Altd. w., Meisterges., Arm. H., Sag., Irmenstr. Ir. elf.), in den briefen an Hoffmann (Pfeiffer XI) herscht der inf. *seyn;* auch Gr. I² ist noch von dieser schreibung erfüllt, dagen II ihr völlig fern, indem sogar zu s. 530, wo sie in wirklichkeit steht, auf einen druckfehler aufmerksam gemacht wird. In einem ähnlichen verhältnisse befinden sich andere wörter mit *ey*, z. b. *bey, meynung* (Altd. w. II, 42), *zwey, zweyerley* (Irmenstr. 44), während Gr. II, 168 *zweyter* der beßerung entgangen zu sein scheint (vgl. 166. 173 *zweiter*). Gerechte abneigung gegen das fremde zeichen hat im verlauf auch in deutschen geographischen namen *i* gefordert, z. b. *Baiern, Tirol;* hiezu stimmt, daß Myth. II, 892. 905 sogar

Kifhäuser geschrieben ist. Unter den fremdwörtern gibt es einige mit heutzutage vorherschendem *i*, denen Grimm ehedem *y* verliehen hat, andere mit allgemein gebräuchlichem *y*, wofür von ihm später nach mhd. vorgange *i* gesetzt worden ist. In der ersten gattung steht *styl* obenan (Ir. elf. Arm. H. 143. D. beid. ält. d. ged. 41. Wien. jahrb. 32, 255), zunächst daran schließt sich *sylbe* (Wuk 16. Wien. jahrb. 28, 33, kaum mehr Gr. I²); aber in beiden wörtern läßt sich zu denselben zeiten auch schon *i* sehen, z. b. Altd. w. II, 42. Meisterges. mehrmals. Entsprechend dem mhd. schreibt Grimm Kl. schr. I, 378. Myth. II. 925. Gesch. 718. Wtb. III, 364. 369. 1856 *kristall* (Wtb. I, 439 *krystall*), schon Sag. II, 63 *Babilonia*. Sonderbare gestalt in deutscher sprache hat *scenery* (Reinh. CXLIII. CLXIX).

In betreff der diphthongen *ei* und *ai* (vgl. Gr. I³, 223. Wtb. I, 199) hat Grimm jenes an und für sich beßere zeichen theils nicht immer, wo ihm nach dem gebrauche die wahl offen stand, vorgezogen, theils in einigen wörtern zuweilen gegen den gebrauch gesetzt. Ziemlich lästige schwankungen zeigen sich bei *getreide* (Haupt VIII, 403. Wtb. III, 1536. 1675. 1676 und anderswo) und *getraide* (Gr. III, 370. 371. IV, 793. Kl. schr. II, 88. 234. 383. III, 129. Myth. II, 1114. Kuhn I, 206. II, 600. Wtb. III, 1140. 1638. Gesch. d. d. spr. regelmäßig), *weisen* u. *waizen*, welche Sag. I, 325 und Gr. III, 461 gar auf derselben seite beide stehn; Myth. II, 1114 zeigt noch *haide*. Dagegen ist Grimm für die ungewöhnliche schreibung *leib* (brot) eingenommen (vgl. Gr. IV, 422. 722. Wtb. II, 13. 585), hat ferner Kl. schr. II, 325. III, 273. Wtb. III, 1398. 1795 *papagei* (Ged. d. mitt. 89 *papeyai*) und Wtb. III, 1207 *lakei* geschrieben.

Wenig ist von *ei* und *eu* zu sagen. Der an sich nicht unberechtigten nebenform von *heirath* wird Gr. I³, 97. 226. 371 gedacht (vergl. Wtb. III, 1190); selbst angewandt wird Grimm *heurath* selten haben, z. b. Sag. II, 87. 258. Ebenda (s. 88) findet sich die unrichtige form *reuter* (niederd. rüder), auch (87. 89) das dialektische *heunt* (mhd. hinte, hac nocte), Ir. elf. 217 *kräusel* f. kreisel (niederd. krüsel, küsel). Ob Grimm jemals *gescheut* (f. gescheit oder gescheid) geschrieben habe, ist mir zweifelhaft.

Mit den umlauten *eu* und *äu* (vgl. Wtb. I, 598. III, 1189. 1190) verhält es sich in orthographischer hinsicht ähnlich wie mit *e* und *ä*. Mancher herkömmlichen schwankungen enthält sich Grimm fast ganz, andere, welche der gebrauch wenig oder gar nicht kennt, sind ihm eigenthümlich; in einigen wörtern zieht er *eu* dem üblicheren *äu* vor. Regelmäßig schreibt er *leugnen* und *verleumden* (Reinh. LIX macht *verläumden* ausnahme); wenigstens in den späteren schriften wahrt er die richtige form *greulich* (Sag. I, 260 *gräulich*). Dahingegen findet sich bis zur stelle im wörterbuch (II, 111), wo *bleuen* allein zu gelten scheint, auffallend oft *bläuen* geschrieben, z. b. Gr. I³, 92. II, 219. Rechtsalt. 703. Sendschr. 72. Wtb. I, 14. Wenn seit langer zeit bis auf den heutigen tag von den meisten an der form *täuschen**) festgehalten wird, so hat zwar Grimm mehrmals auch jene schreibung beobachtet (März. I, XIV. Myth. XII. 206), bei weitem häufiger jedoch *teuschen* gesetzt (Lat. ged. 85. 95. Andr. u. El. XXVIII. 168. Gr. I³, 76, 226. IV, 216. Gesch. 415. 763. 931. Pfeiffer I, 32. Kl. schr. I, 49. II, 199. Wtb. I, 806. 1098. 1680. II, 11. 106). Besonders merkenswerth dünkt mich, zumal da sie die sehr verdiente nachahmung nicht hinreichend gefunden hat, die schreibung *seule* (Gr. II, 528. III, 430. Myth. 14. 20. 77. 83. 209. 333. Kl. schr. II, 442 fg. Abh. d. ak. 1858, 61. Wtb. I, 1097. 1169). Früher schrieb Grimm der herschenden sitte gemäß *säule* (Sag. u. Irmenstr. häufig) und bisweilen erscheint dieß *äu* auch später noch, zum theil in ebengenannten schriften (Gr. I³, 700. Myth. 317. Kl. schr. II, 403. Wtb. I, 13). Zwar dürfte derselbe umstand, daß nemlich kein handgreifliches *au* zur seite steht, auch zu der form „kneuel" (mhd. kliuwel) leiten; doch meine ich nur *knäuel* (Myth. II, 952. Kl. schr. II, 109. 278) gesehen zu haben;

---

*) nicht von „tauschen".

vgl. noch *steupe* Wtb. III, 1619. Vor der 2. ausg. der gramm. brauchte Grimm oft das unorganische präs. *deucht*, in der regel mit dem fehlerhaften dat. der person; er schrieb es theils so (Altd. w. II, 152. 160. Gr. I¹. L. Sag. II, 344), theils *däucht* (Gr. I¹, XXV. Sag.); dem richtigen prät. und part. scheint er jederzeit bloß *äu**) gegeben zu haben.

An den schluß der vokale füge ich sein urtheil über einen verwandten punkt: „Es ist übermaß von verehrung, *Göthes* undeutsches *Goethe* nachzuahmen, denn jeder loser hätte das recht es dreisilbig auszusprechen, oder umgekehrt poet pöt zu lesen" **).

2. Konsonanten.

Auf demselben hauptgrunde wie die dehnung des an sich für neutral geltenden vokals ruht die gleichfalls dem vokal dienende verdoppelung des konsonanten. Findet dieser vorgang vor einem zunächst folgenden vokal statt, so hat er insgemein seine natürliche berechtigung und ist meistens schon durch die alte sprache selbst bestimmt worden. Wo diese die doppelung unterläßt, findet sich bisweilen auch Grimm veranlaßt den einfachen konsonant zu setzen. Berühmt ist seine schreibung *manigfach, manigfalt*, zugleich aber überraschender vielleicht als irgend eine andere schwankung der wechsel, den er sich zu derselben zeit mit der andern, den gemeinen gebrauch beherrschenden form gestattet. Es genüge an beweisen aus der grammatik. Einfaches *n* haben diese wörter z. b. I², 54. 83. 592. II, 239. 395. 545. 547. 586. 610. 665. 678. 819. 843. III, 160. 300. 356. 694. IV, 3. 12. 85. 145. 368. 394. 422. 436. 460. 552. 553. 581. 771. 802. 862. I³, XIV. 10. 21. 31. 164. 210. 213. 228. 325. 379. 429. 484. 534. 559. 577; dagegen liest man *mannigfach, mannigfalt* I², X. XII. 3. II, 4. 8.

---

*) nicht *eu*, wie man vorzuziehen geneigt sein darf.
**) Schmidts zeitschr. f. gesch. II, 271; vgl. Wtb. I, LXI.

67. 77. 83. 656. III, VIII. 23. 122. 344. 345. 425. 704. 764. 782. IV, VI. 262. 766. 918. I³, XII. 121. Die einfachheit in *wapen* (Gött. anz. 1836, 656. Gesch. 640. Wtb. I, 1097. 1241) erinnert daran, daß dieser nebenform von *wâfen* eigentlich langes *a* zukommt, obgleich die heutige aussprache die entgegensetzte ist. In dem der schriftsprache wenig bekannten worte *abschrappen* (Wtb. I, 109) fällt die doppelung denjenigen auf, welche (wie im holl.) „schrapen" zu sprechen und zu hören gewohnt sind *). Weil *ck* und *tz* die doppelkonsonanz von *k* und *z* vertreten, so schließt sich ihr verhältnis zum einfachen buchstab füglich hier an. Grimm schreibt am liebsten *blöken* z. b. Wtb. I, 14. II, 137. 143 (Gesch. 34 *blöcken*), *quaken* Urspr. 15; er schwankt zwischen *haken*, *häkeln* (Rechtsalt. 699. Gr. I³, 463. 519. Wtb. I, 53. 102. 111) und *hacken*, *häckeln* (Ir. elf. 154. Gr. I², 4. 21. 196. IV, 467. Personenw. 38); Wtb. I, 981 zeigt sich das wort *zaunstacken*, bei Haupt II, 263 *lucke*, formen welche im niederd. als „staken, luke" auch den hochdeutsch redenden geläufig sind. Die schreibung *eckel*, welche vom wörterbuche verworfen wird, kommt mehrmals und zuletzt Gött. anz. 1863, 1377 vor. *Perücke* steht Wtb. I, 596. 1181, *quäcker* Ir. elf. 212. Das einfache *k* in *ausdrüken*, *trokenen* (Irmenstr. 59. 63) bin ich ohne weiteres kaum geneigt baaren druckfehler zu nennen, ebensowenig Gesch. 932 *zusamentrift*. *Duzen* und *dutzen* sind beide gebräuchlich, waren es schon im mhd.; in der regel verwendet Grimm die erste form, unzähligemal namentlich in den historischen erörterungen dieses gebrauches, die andere Reinh. CXI. CXII mehrmals (vgl. Gr. IV, 304 *dutzen*, 305 *duzen*). Während das wörterbuch *dutzend* schreibt, wird Sendschr. 9 und sonst der dem fremdworte passendere einfache buchstab angetroffen. In Dorows denkm. I, XXIV bietet ein beitrag Grimms die aus zwei gründen bedenkliche schreibung *novitzen*.

---

*) hochd. schrapfen; vgl. schröpfen und Schmeller III, 518.

Verdoppelung auslautender konsonanten findet sich nicht in demjenigen umfange, welcher den heutigen gebrauch beherscht; insonderheit zieht Grimm in späterer zeit nachdrücklich gegen *ff* zu felde (vgl. Wtb. I, LVIII. LIX. III, 1211). Zu anfang richtete er sich nicht bloß nach dem herkommen, sondern erlaubte sich mitunter auch doppelungen, welche theils schon damals nicht vorgeschrieben waren theils sehr bald für unpassend oder unerlaubt galten und heute gemieden werden, z. b. Irmenstr. 53 Heldinn und Riesinn, Sag. II, 344. 348 Herrmann. Aus den schreibungen Bischöffen, Erzbischoffe (Wuk VI), Pilgrimmen (Sag. II, 377) darf man zwar nicht nothwendig die doppelung auch für den sing. schließen, obgleich sie damals einen gewissen gebrauch zur seite hatte; sie ist aber im plur. natürlich nicht minder, also überhaupt unangebracht. Allmosen (Sag. 1, 185), Dollmetschung, Dollmetscher (Gr. I¹, LX. LXXII) scheinen sich in dieser form als zusammensetzungen ankündigen zu wollen, obgleich Grimm weit davon entfernt war sie je dafür zu halten. Gegen die nicht gewöhnliche schreibung *ellboge* (Abh. d. ak. 1845, 189; vgl. Wtb. III, 403) läßt sich genau erwogen schwerlich viel einwenden, vielleicht mehr gegen *elenn* (Liebrechts Pentam. XX) d. i. *elenthier* (Kl. schr. II, 90. 100). Lediglich nach dem mhd., obschon die nhd. analogie widerstreitet, könnte die vokalkürze in *erschrack* (Reinh. CCXCII. Myth. I, 925) gerechtfertigt worden, der plur. *erschracken* (Ir. elf. 95. Märch. II, 518. Reinh. CCXCII. Kl. schr. I, 118) ist auch dem mhd. nicht angemessen. In einem briefe an Pfeiffer (Germ. XI) und Märch. I, 441 kommt das auch von Göthe u. a. gebrauchte prät. *stack* f. (intrans.) „steckte" vor; Reinh. CLXXVII begegnen in nebenliegenden zeilen *rostoker* und *rostocker*. Da nach langem vokal und nach einem diphthong der konsonant nicht verdoppelt wird, mithin auch *tz* und *ck* nicht folgen dürfen, so erregen nachfolgende ziemlich zahlreiche, großentheils zwar ältere schreibungen befremden: *kreutz* (D. beid. ält. d. ged. 63. 85. Gr. I²,

412*), *reitz* (Schlegels mus. I, 394) und *reitzen* (Sag. II, 321. Altd. w. II, 107. Meisterges. 30. Gr. I², VII. 414), *Schweitz* (Gr. III, 326. 327. 342. 766), *waitzen* od. *weitzen* (Ir. elf. XC. 39. Gr. I², 165. 414), *ehrgeitz* (Pfeiffer XI, 386) und *geitzig* (Sag. I, 185. Altd. w. III, 14. Kl. schr. III, 83. Myth. I, XXXVII), *beitzend* (Gesch. 585 und 2. aufl. 406), *schnautze* (Gr. III, 400. 409. Reinh. XCVII. Rechtsalt. 671) und *schneutzen* (Myth. 415). Einer andern bekannten regel widerspricht die form *kohlstrüncke* (Ir. elf. 216, vorher 215 mit bloßem *k*). — Ich wende mich zur vereinfachung. Ueberraschend und offenbar unwillkürlich entschlüpft ist die schreibung Schelfisch Sag. I, 324, ungewöhnlich zwar, jedoch vermuthlich nicht in gleicher weise absichtslos aus späterer zeit: *sol* (Reinh. CXCI), *unbil* (Kl. schr. I, 114), *hergott* (Pfeiff. Germ. I, 484 zweimal). Daß Grimm *walfisch*, *walhalla*, *walnuß*, ferner *damhirsch*, *damspiel* geschrieben hat, braucht hier um des zusammenhangs willen nur berührt, nicht bewiesen zu werden; lehrreicher ist beinahe, daß es ihm nicht in den sinn gekommen zu sein scheint, wie manche annehmlich vorgeschlagen haben, nach der analogie von „bräutigam" auch „nachtigal" zu schreiben. In einem einzigen deutschen worte ist einfaches *t* beachtenswerth, nemlich in *bret* (Pfeiff. III, 6. Wtb. II. 238. 239. 374 fg.) und dessen flexionsformen (Gr. III, 431. Personenw. 47. Kl. schr. I, 301. 382. Pfeiff. III, 3. Wtb. I, 1188. II, 374 fg.) Unmittelbar übernommene und unentstellte fremdwörter erleiden eine gesonderte beurtheilung: Wtb. II, 19 wird *model*, II, 603 *modell* gelesen, III, 709 das adv. *formel*, 1117 aber *formell*; II, 88 steht *skelet* (frz. squelette.) An zahllosen stellen in allen seinen schriften der letzten mindestens 30 jahre, vorzüglich aber im wörterbuche erkennt man Grimms tief in die praxis eingreifende abneigung gegen auslautendes *ff*. In Schneidewins Philol. I, 340 schreibt er: „das *schif* fuhr dahin, daß es *pfif*", und überall sind einfache formen wie *pfaf*,

---

*) „oder kreuz", wie es ausdrücklich an der stelle heißt.

stof, straf, schrof, muf, schlif, begrif zu finden, die letzte in solcher menge, daß die doppelung, welche begreiflich keineswegs fehlt (vgl. Gr. III, 218. 563), dagegen völlig verschwindet. Von dem *s* in wörtern wie *kus, ros, gewis* past es beßer erst dann zu handeln, wenn von diesem zeichen und von *ß* im zusammenhange die rede sein wird.

Es folgt die verdoppelung vor einem konsonant. Anstatt der auch vom gebrauche begünstigten schreibung *gespinst* (Gr. II, 371. Myth. 265. 455. Kl. schr. I, 71) und *gewinst* (Gr. II, 198. III, 516. I³, 38) steht Sag. II, IV *gespinnst* und Gr. I² V. II, 212 *gewinnst*; in den Sag. sieht man sogar *geschäfftig* und *beschäfftigt* (I, 5. 178). Bei der konjugation der verben mit doppeltem konsonant hat sich Grimm, ausgenommen wenn derselbe *f**) und *s***) ist, die vereinfachung nur bisweilen gestattet, z. b. Kl. schr. I, 194. Myth. 642 *solte*, Merkels lex sal. IX. XXII. XLIX *verirt, verirte*, das. XII *verwirte*, Myth. 440 *vermumter*, Gr. IV, 693. Myth. I, 365 *bekant* (Myth. 240 *bekantlich*). Damit halte man die geläufigkeit folgender beispiele zusammen: *schaft* (Kl. schr. II, 87. Gr. IV, 139), *geschaft* (Gesch. 42), *geschafne* (Gesch. 2), *verschaft* (Schmidts zeitschr. f. gesch. II. Wtb. I, V), *herbeigeschaft* (Wtb. IV, 239), *trift* (Gr. IV, 41. 50. 345. 357. I³, 52. 62. 77. Kl. schr. I, 109), *geschift* (Jornand. 46), *gafte* (Myth. I, 437), *äft* (Reinh. LXXI), *hofte* (Myth. 46), *hingeraft* (Kl. schr. I, 80), *zusammengeraft* (Wtb. I, XXXVI). Die ableitung beschränkt sich natürlich nicht auf die verbalflexion, sondern folgerichtig zeigt sich auch *hofnung* (Gr. II, 872. IV, 873. Kl. schr. I, 77. Wtb.), *bewafnen* (Gr. II, 593. 807. Gesch. 17), *äfchen* (Wtb. I, 181), *ofner, ofnen* (Ged. d. mitt. 28. Gesch. 114), *öfnen* nebst ableitungen (Gr. III, 430. 432. IV, 24. I³, 21. 568. Zeitschr. f. hess. gesch. II, 141. Kl. schr. I, 70. Schmidts zeitschr. II). Mit *hofnung* ist sam-

---

*) Gr. I², 525 wird noch „trifft, hoffnung" konsequenter genannt.
**) Diesen buchstab anlangend werden an seinem orte beispiele wie „küst, paste, vermist" nachgewiesen werden.

lung zu vergleichen, wie Grimm aller orten (vgl. Gr. IV, 465. 759. I³, XVI. 27. 376. Pfeiffer II, 380. Schmidts zeitschr. II. Wtb. fast regelmäßig) zu schreiben pflegte. Zahllos sind *samt, gesamt, sämtlich* vertreten; zwar läuft auch hier wieder die andere schreibung daneben, wird jedoch von jener weit übertroffen, z. b. Gr. II im verhältnis von fast drei zu eins. Nicht selten zeigt sich *himlisch* (Ged. d. mitt. 26. Myth. I, 545. Kl. schr. II, 228); *brantwein* (Gr. II, 693. Wtb. II, 305) ist auch im allgemeinen nicht unbekannt; mit *kenntnis* (Wtb. I, XXXIII. Myth. II, 1102) wechselt in sehr naher äußerlicher berührung, wie man sieht, *kentnis* (Wtb. I, XXIX. Myth. II, 1101). „*Puppe, püpchen*", heißt es Kl. schr. II, 391; *kleks* erscheint Wtb. III, 1724. 1725 (nur zwei zeilen vorher *klecks*), *trokcnen* Zeitschr. f. hess. gesch. II, 138 (*trocknen* 149), *ausgedrükt* Gr. IV, 848 (*ausgedrückt* 850), *leztern* und *letztern* Reinh. CIV. In *specielste* (Ztschr. f. hess. gesch. II, 136) kann die einfachheit andern grund haben (vgl. s. 28' *formell* u. *formel*). Dem mhd. *nacket**) läßt Grimm bald *nackt* (Myth. I, 1117. 1232) bald *nakt* (das. 546. 548) entsprechen; *sammet* wird in *samt* (Gr. IV, 721) zusammengezogen, „wambes" in *wams* (Wtb. I, 1054), *karren* in *karn* (Reinh. CXXXV), woher Kerner. Auch zusammensetzungen werden mitunter demselben vorgange unterworfen, z. b. *treflich* (Gr. IV, 649. Reinh. XIV. XVI. Kl. schr. I, 75. III, 42); dieß scheint insonderheit bei *irr* — der fall zu sein: Myth. 513 *irlicht* und *irwisch* (vgl. Kl. schr. II, 60), Myth. I, 349. Kl. schr. II, 87 *irfahrt*, Reinh. XVIII. LXXVI. Myth. 69. Theol. stud. u. krit. 1839, 747. 750. Wtb. II, 1240 *irthum*. Für sich besteht die verbeßerte form *herschen* (nicht von herr sondern von dessen positiv hêr, nhd. hehr), welche in Grimms schriften überall verbreitet ist und keiner nachweise bedarf; daneben kommt freilich auch die doppelung vor, besonders in der grammatik (II, 186. 225. 226. 242. 819. III, 28. 102. I³, 383), doch lange nicht in gleichem

---

*) genau so behalten bei Savigny II, 91. Gr. IV, 879. Rechtsalt. 641.

umfange. *Herlich* (Kl. schr. I, 63. 79. III, 118. 233. Gesch. d. d. spr: Wörterb.) und *herschaft* (Gr. IV, 71. 718. 720. I³, 22. 23. 35. Reinh. CVI. Gesch. 1. Kl. schr. I, 68. 69. III, 118) leiten sich ebenfalls von hêr. Einfaches *t* in *witwe* (Gr. I², 525. II, 860. III, 322. 341. Kl. schr. I, 208. Wtb. I, 1054) hat sich auch dem gebrauche bereits empfohlen.

Es ist vorzüglich aus Grimms vorgange herzuleiten, daß der früher für viele zusammensetzungen vorgeschriebenen nebeneinanderstellung dreier gleichen konsonanten nicht bloß von denjenigen, welche mit ihm über die verirrungen der nhd. schreibung klage führen, sondern auch von seiten einiger namhaften anhänger Adelungs und Heyses entgegengetreten wird. Anfangs bediente sich begreiflich auch Grimm jener pedantischen und lästigen häufung, z. b. Sag. II, 6 *schifffahrt*, 57 *helllautend*, März II, 481. 485 *betttuch*; später zeigt sie sich sehr sparsam (*kammmacher* Wtb. I, 878, *stammmutter* Myth. I, 336). Aber auch die vereinfachung hatte schon ziemlich früh platz gegriffen; vgl. Hermes 1819, II, 31 *vollaut*, März. II, 411 *brenneßeln*. Beispiele aus der folgezeit: *schiffahrt* Gesch. 4. Sendschr. 100, *stammutter* Myth. II, 842. 1217. Gesch. 525. 2. aufl. XII. Wtb. II, 1097, *stammythus* Gesch. 824, *kammacher* Wtb. II, 352, *schnelläufer* Wtb. III, 1228, *schnellaufend* Wtb. I, 1084, *vollautig* Gesch. 42. Auch beim zusammentritt nur zweier gleichen oder verwandten und ähnlich klingenden konsonanten läßt Grimm bisweilen bloß den einen sehen und wird darin durch die sprache selbst unterstützt (vgl. viertel, vöglein). Neben *fußstapfen* (Gesch. 196) kommt schon früh (Arm. H. 185) *fußtapfen* vor. Nur in schriften der älteren und etwa der mittleren periode, wie ich glaube, findet sich *selbstständig* geschrieben (Wuk 52. Wien. jahrb. 28, 33), sonst immer *selbständig*, dessen ursprüngliche zusammensetzung mit „selbst" unverbürgt und kaum wahrscheinlich ist*). Zusammensetzungen, in denen nach Grimms urtheil der wollaut tilgung des einen

---

*) vgl. *selbeigen* Kl. schr. II.

s fordert (vgl. Wtb. I, 545), bieten sich überall dar, wenn auch keinesweges in derjenigen konsequenz, die man wünschen möchte, z. b. Wtb. I, 284 *amtsorge, amtstube*, Myth. II, 820 *glücksland*, Kl. schr. III, 416. 420. 425 *volksage*, Myth. 210. 259. 338 *volkstamm* (225 *volksstämme*), Wtb. III, 382. 394. 1863 *volksprache*, Wtb. III, 1244 *gerichtsprache* (1246 *gerichtssprache*), Kl. schr. II, 376 *königsohn* (375 *königssohn*), Kl. schr. III, 416 *wolfschwanz, wolfsagen*. Fast regelmäßig schreibt Grimm, wofür jetzt auch der gewähltere gebrauch sich entscheiden dürfte, *sechzehn, sechzig* (mhd. sëhzëhen, sëhzic), nicht *sechszehn, sechszig*, die nur in älteren büchern (März. I, 440. 455. Meisterges. 129. 131) zu begegnen scheinen. Aber auch *achzehn, achzig* (mhd. ahzëhen, ahzic), wie die meisten sprechen aber nicht schreiben, sind ihm mit recht beliebt (Gesch. 19. 249. Urspr. 5. Kl. schr. II, 338. Haupt I, 10), wenn er sich gleich daneben der andern form nicht enthält (Myth. II, 1135. 1176. Kl. schr. II, 79. 222). Daß er der nhd. grundlosen entstellung gegenüber das mhd. *enzwei* sehen läßt (Gr. IV, 51. Reinh. CVI), verdient um so größere beachtung, als die aussprache ungefähr dieselbe bleibt; im wörterb. wird die wiedereinführung geradezu gewünscht. Wie überall *hoheit*, gilt selbstverständlich bei Grimm nur *roheit* und *rauheit*; bei Savigny II, 85 ist *rohheit* entschlüpft, wie auf der folgenden seite durch *rauheit* bewiesen scheint*). Unbeschadet aller dieser und ihnen verwandter fälle und beispiele, welche sich zum theil von dem gewöhnlichen gebrauche entfernen, hat sich Grimm bisweilen zur beobachtung des gegentheils geneigt erwiesen, d. h. er ist der allgemein üblichen vereinfachung, stehe sie auf verkehrtem oder richtigem boden, aus dem wege gegangen, um dafür das eigentliche verhältnis des wortes desto deutlicher durch-

---

*) In „ewigkeit, traurigkeit", wie er freilich selbst zu jeder zeit geschrieben hat, nennt Grimm (Kl. schr. II, 193) das *gk* pedantisch und lobt des Gryphius u. a. „ewikeit".

blicken zu laßen. So schreibt er Arm. II. 121 *ellend*, Sag.
I, 91 *faullenzen*, Haupt III, 138 *unzählichen*. Während
Gr. II, 255 dahingestellt bleibt, ob *zier-at* oder *zier-rath*
zu verstehen sei, scheint nachmals die zweite faßung die
oberhand zu behalten; vgl. Lat. ged. 76. Haupt VIII, 20.
Wtb. I, 1613. II, 167. 215. 261. —
Beim übergange zu den einzelnen buchstaben beginne
ich, da die schreibung der liquiden nichts merkwürdiges
zu bieten vermag, mit den labialen. Nachdem sich zwischen
b und *p* dem ahd. und mhd. gegenüber im ganzen ein
ziemlich sicheres verhältnis festgesetzt hat, kommen nur
einzelne fälle zur berücksichtigung. Neben *alp* (in besonderer
bedeutung) steht *alb* Wtb. I, 200. III, 1466, dem
häufigen plur. *elbe* (Bericht 1851, 102. Kl. schr. II, 321.
Myth. I, XII. Wtb. I, 200. III, 402) gemäßer auch das
dem bekannten niederd. „elf" entsprechende *elb* (Wtb. I,
245. 1051. II, 599. III, 2. 401). Während Grimm später
entschieden nicht *papst* sondern *pabst* geschrieben hat,
überaus oft und regelmäßig namentlich in d. abh. über
Jornandes und Ged. d. mitt. sowie Kl. schr. I, 67 fg.,
begegnen noch Sag. II, 133. 135 beide formen (vgl. Wtb.
II, 1054). Dieselbe schwankung offenbart sich bei dem
deutschen *wildbret*, *wildpret* Reinh. XXII; von einem
drachen heißt es März. II, 243: er *schnaupte*. Einfluß
des niederd. hat einigemal *f* für *b* in die schriftsprache
gebracht (*hafer*, *schwefel*). Mit großer beharrlichkeit ist
von Grimm fast fortwährend *haber* (mhd. habere) geschrieben
worden, z. b. Myth. 533. Reinh. CCLXXXVIII.
CCLXXXIX. Gesch. 66. Haupt VIII, 411. Wtb. I, 1053.
II, 599. III, 383. 1210; *schwebel* (mhd. swëbel) kann man
Gr. III. 381 sehen. Zugleich mit *waffnen* kommt Sag. II,
284 *wappnen* vor, für „schärpe" Wtb. III, 1480 *scherfe*
(vgl. ob. s. 19), für hochd. „kufe" Wtb. III, 1826 niederd.
küpe. Zu den wörtern, in denen Grimm das *f* dem im
ganzen üblicheren *v* vorzuziehen pflegt, gehören *alkofen*
(Wtb. I, 206), *flies* (Wtb. III, 1737), *feme* (Wtb. III, 1516);
mehrmals schreibt er *zuförderst* z. b. Personenw. 36, sogar

3

Gr. I³, 369 dem *forderen* (vokal). Anstatt „flaumen", wie gewöhnlich und anscheinend aus einem naheliegenden unterscheidungsgrunde geschrieben wird, trifft man Myth. II, 1212 *pflaumen*, dem lat. ursprunge sowol als der mhd. form offenbar weit angemeßener. Da *Westfalen* deutscher name ist, meidet Grimm in demselben das undeutsche *ph*, ohne jedoch dasselbe völlig abzuwehren; ja in verschiedenen schriften und beiträgen (Reinhart Fuchs. Wien. jahrb. 32 und 45. Dorows denkm. I. Zeitschr. f. hess. gesch. II) behauptet sogar *Westphalen* die oberhand (vgl. außerdem Myth. 84. 94. 115. 297). Auch dem ausländischen worte *elefant* überweist er mit vollem recht im wörterbuche *f*, nachdem zwar früher schon häufig dieses zeichen von ihm verwendet worden war, jedoch Gr. II, 185. 342. Kl. schr. II, 377 *ph*, Gesch. 42 mit *f* wechselnd.

In betreff der lingualen gedenke ich zuvörderst der bloß in dieser reihe bis auf den heutigen tag vorhandenen, aber unnatürlichen verbindung der media mit der tenuis. Die form *gescheidt* findet sich außer in den märch. (I, 197 und anderswo) auch Ged. d. mitt. 7 und sogar Wtb. I, 337; im einklange mit dem mhd. geschîde steht Gr. III, 758. Wtb. I, 1550 (zweimal) *gescheid*, während „gescheit" zu fehlen scheint. Für *hantieren* (vgl. Kl. schr. I, 372) treffe ich Sag. I, 5. März. II, 31. Myth. I, 520 *handthieren*, die weit verbreitete aber unrichtige schreibung *beredtsamkeit* Wien. jahrb. 32, 251. 255. 256 (ebenda auch bloßes *d*), ausnahmsweise *schmidt* D. beid. ält. d. ged. 77, umgekehrt mit *d* allein *gesandschaft* Gesch. 59 (auch in der 2. ausg.); zu anfang hatte selbst die zerlegung *mondtag* einigemal platz genommen (Sag. I, 6. 89. Ir. elf. 199). Worauf sich die schreibung „zu *todt* martern, schießen" (Edda 31. Sag. I, 455) gründe, mag schwer zu bestimmen sein; gleiche verwunderung erregt das adj. *tod*, welches Kl. schr. I, 321 (v. j. 1854) viermal auftritt, ebenso Reinh. CIV „*tod* prügeln" (aber CV „*todt* gebißen"), ferner Sendschr. 73 *halbtod*. Edda 241 findet sich *todtwund*, Reinh. CXXXVI richtiger *todkrank* (vgl. Gr. II, 551. 557); das.

LX und CCLXXXII wechseln *tödlich* und *tödtlich*, während sonst das erstere die regel bildet (Sag. I, 162. Gr. II, 965. III, 147. Myth. 245. Abh. d. ak. 1845, 189. Merkel XLIII). Den schreibungen „brodt, erndte, schwerdt" hat sich schon in frühsten zeiten Grimm abgeneigt erwiesen. Immer wird man *ernte, schwert* geschrieben finden, neben *brot* (Sag. I, 1. 136. II, 284) kommt anfangs auch *brod* vor (Sag. II, 108. 257. 264. Arm. II. 184), später nicht leicht mehr (vgl. Wtb. II, 400). In dem verhältnis zwischen *t* und *d* bemerke ich weiter *düte, dute* Wtb. II, 380. III, 1342, dagegen Märch. II, 230 hörnchen *tüten* (vgl. Wtb. II, 1767); mit *waten*, wie es hochd. heißt, wechselt Edda 10. 39 niederd. *waden*. Vereinzelt steht Ir. elf. XXVI die bei Lessing u. a. häufig vorkommende form *siebende*, welche allerdings im mhd., aber aus einem fürs nhd. ungiltigen grunde, die regel bildet. Außer „nacket" (vgl. s. 30) liest man bei Savigny II, 91. 92 auch *nackend* (mhd. nackent), ebenso Myth. 529. 543. 615. 617. Regelmäßig, wenn ich nicht irre, schrieb Grimm *dinte*, nicht „tinte". Bemerkenswerth ist seine vorliebe für die dem mhd. zwar genau entsprechende, der heutigen aussprache aber widerstreitende und durchaus ungebräuchliche schreibung *dulten, geduldt, geduldig* (Altd. w. I, 137. Gr. II, 743. III, 521. Myth. 445. 536. 696 (683 *duldete*). Gesch. 83. 86. 349. 387. 468*). Merkel XXXV. Haupt V, 503). Auf die tenuis im auslaute bei *bastart* dringt Wtb. I, 1150, der plur. *bastarte* begegnet Kl. schr. III, 416. Wtb. III, 1323; bei Haupt VI, 187 zeigt sich *hantwerk*. Bloß in frühster zeit z. b. Sag. II, 144 dürfte Grimm in *eigends* falsches *d* zugelaßen haben. An unübersehbaren stellen wechseln die gleich richtigen formen *weitläufig* und *weitläuftig*, mit *brautlauf* ebenso *brautlauft* bei Haupt II, 266.

In der gutturalreihe offenbart sich eine große unsicherheit der gewöhnlichen orthographie bei *g* und *ch* im aus-

---

*) ebenso in 2. aufl.

laute, deren ähnliche aussprache selbst in den flektierten formen entgegentritt. Den subst. mit organischem *-ig* gibt niemand *ch*, mehreren aber auf *-ich* hat nachläßigkeit das übergewicht des *g* verliehen. Mit entschiedenheit ist Grimm für *ch* in *eßich* aufgetreten (vgl. Gr. I², 429. II, 284. IV, 854. Sendschr. 72. 103. Wtb. I, 1823. III, 230. 234. 1166. 1169. 1170. 1171), obgleich daneben auch immer *eßig* erscheint (Gr. III, 561. Sendschr. 98. Wtb. I, 5. 63. II, 297. III, 1054). Ferner schreibt er *käfich* oder *kefich* (Sag. II, 155. Reinh. XLVII); *reisich* (Gr. II, 313. Wtb. I, 142 und sonst), doch Savigny II, 49. Pfeiffer III, 2. 3. Haupt VIII, 421. Kl. schr. II, 227. 247. Wtb. I, 1824 *reisig*. Regelmäßig heißt es *fittich*, z. b. Märch. II, 218. 385. 487 (127 *fittigen*). Gr. I², 168. II, 280. Lat. ged. 385. Myth. 363 (*gefitticht*). Wtb. I, I. III, 496. 1693. 1694. Dem ursprunge zufolge ist nicht die gewöhnliche form „werg" sondern *werch* (Wtb. III, 1853) empfehlenswerth. Bei den adjektiven handelt es sich zunächst um zusammensetzung der auf *l* auslautenden stämme mit *-lich**). Des wortes *allmählich* und seiner schreibung ist beim *h* (s. 16) gedacht und eine menge beispiele auslautender *ch* und *g* sind daselbst aufgeführt worden. Gleicher bildung ist *adelich*, wie geschrieben steht Sag. I, 162 (und öfter). Meisterges. (regelm.). D. beid. ält. d. ged. 74. Gr. II, 1006. 1020 (vgl. 305). IV, 309. Rechtsalt. 265. 276. 374. 377. 492. Wtb. I, 177 u. s. f. bis zuletzt z. b. IV, 75. 176. Ferner kommen in betracht: *unzweiflich* (Altd. w. II, 111. Gr. I², 84); *untadelich* (Gr. IV, 273); *buckelich* (Ir. elf. 18. Wtb. II, 486); *ecklich* (Wtb. III, 398); *unzählich* (Rechtsalt. 336. Personenw. 33. Pfeiffer II, 478. Haupt III, 138. Wtb. I, 286. III, 4), wofür jedoch Grimm fast häufiger *unzählig* **) eintreten läßt (Sag. II, 136. Gr. I², 112. I³, 188. Myth. 354. II, 453. Haupt IV, 509. Wtb. I, XLII. 1304. III, 1212); *hügelich* (Gesch. 570. Wtb. II, 391), *kuglich* (Wtb. I, 1808), *zappelich* (Sag.

---

*) Gr. II, 305; vgl. Jeitteles neuhochd. wortbild. 45.
**) wie immer *billig, völlig*. die an sich gleichfalls hierher gehören.

I, 25). Die drei letzten laßen sich in alter sprache nicht nachweisen, scheinen aber der analogie zu folgen, während *ehmalich* (Gesch. 628. 2. ausg. 436) zu „damalig" u. a. nicht stimmt; *stachelich* steht Lat. ged. 330, *stachlig* Gesch. 211. Da ableitendes *-ich* für adjektive nicht vorhanden ist, so beruht die form *holperich* (Arm. H. 113. D. beid. ält. d. ged. 87) auf einem versehn. Ebensowenig gibt es adjektivisches *-igt*; doch findet sich Edda 79 *thauigt*, März. I, 360 *nackigt*, Kl. schr. I, 402 (v. j. 1808) und I, 202 (v. j. 1860) *thörigt* *). Die endung *-icht* ist vertreten z. b. durch *haaricht* (Wtb. II, 544), *eckicht* (Dorows denkm. I, I. XVII), *haubicht* (Myth. II, 1201), *faulicht* (Wtb. III, 1361), *felsicht* (Kl. schr. II, 49), *löchericht* (Wtb. III, 1523), *stachelicht* (Kl. schr. II, 276), *siebenspeichicht* (Irmenstr. 62). Dagegen endigen auf *-ig* z. b. *thonig* (Wtb. III, 781), *mehlig* (Wtb. III, 394), *schilfig* (Wtb. III, 1367), *flaumig* (Wtb. III, 1392). An einigen adjektiven zeigen sich beide, vielleicht alle drei formen entwickelt; vgl. *stachelich*, *stachlig*, *stachelicht*. Nur schriften der ersten periode haben die schreibung *mannichfach* (Edda 162), *mannichfaltig* (Wuk 66); eine menge beispiele des *g* stehen oben s. 25 u. 26 verzeichnet. Von dem wechsel zwischen *überschwänglich*, *überschwenglich* und *überschwänklich* ist s. 19 die rede gewesen. Für *rauh* heißt es mitunter nach älterer weise *rauch* (Gesch. 416. Myth. I, 472. Wtb. I, 1144). Die schreibung *mogte* zeigt sich lediglich in frühster zeit (Kl. schr. I, 402 v. j. 1808. Edda 125. Sag. I, 1. 93, aber 90 *möchten*).

Von der dem hochd. dialekt an sich wenig angemeßenen, in der schriftsprache gleichwol für einige wörter allgemein üblichen doppelung der media weicht Grimm verschiedentlich ab: er schreibt Ir. elf. 92 *krappelten*, Gesch. 64 *rocken* (81. 97 *roggen*; vgl. Gr. I², 528), Wtb. I, 1151 *docken*, Myth. II, 850. Kl. schr. I, 221. Wtb. I, 895. III, 1836 *flüoke*, Wtb. III, 242. 244 *einschmuckeln* (zweimal 288 *schmuggeln*). —

---

*) vgl. Joitteles wortbild. 60.

Indem ich mich nunmehr zu der frage wende, welche
grundsätze und ansichten für die schriftliche darstellung
der sogenannten zischlaute aus Grimms werken entweder
deutlich und bestimmt entgegentreten oder nach umständen
und verhältnissen mit einiger wahrscheinlichkeit geschöpft
werden können, will ich nicht verhehlen, daß ich mich
dem, was hier zu berücksichtigen ist, gegenüber in einiger
verlegenheit befinde, deren gründe im laufe der untersuchung erkennbar sein werden. Könnte, was die gegner
der von ihnen neuhistorisch genannten schreibung der
zischlaute zu behaupten scheinen, unumstößlich bewiesen
werden, daß Grimm diese schreibung, der er ehedem mit
ausdrücklicher absicht sich überließen, aus denselben theoretischen, insonderheit physiologischen gründen, welche sie
selbst geltend machen und gegenwärtig als weiter nicht
anfechtbar betrachten, wieder aufgegeben habe; so würde
es nicht gar vieler worte bedürfen, aber nur um so mehr
die größe einer inkonsequenz beklagt werden müßen,
welche sich nicht bloß praktisch in der schreibung selbst
offenbart, sondern auch darin, daß er, dem zurückhaltung
nirgends und auch in solchen dingen nicht eigen war,
von einer so überaus wichtigen und entscheidenden wandlung kein vollkommen direktes und positives zeugnis abgelegt hat. Schon z. b. 1840 in der 3. ausg. des 1. theiles
der grammatik, heißt es in einer beweisführung desjenigen
höchst achtungswerthen gelehrten, welcher unter den
gegnern dieser historischen schreibung hervorragt, habe
Grimm derselben sich abgewandt und die entgegengesetzte befolgt. Richtig, jedoch zunächst nur äußerlich richtig! Oeffentlich gesprochen hat er meines wißens
darüber sowol damals als während der vielen darauf folgenden jahre bis zum beginn des wörterbuches kein wort.
Wie kommt es auch, daß man der historischen schreibung
der zischlaute geradezu die autorität Grimms hat unterlegen dürfen, wenn er selbst ihr mit der zeit in wirklichkeit ebenso abhold geworden und die meisten jahre seines
schriftstellerischen lebens geblieben ist, wie es diejenigen

sind, die seinen namen für sich in anspruch nehmen? Erst im verflossenen jahre hat Wilh. Wackernagel, der doch weiß was und wie er spricht, folgendes geschrieben: „Der Unbefangene mag hieraus ersehen, daß J. Grimm, indem er eine Unterscheidung zwischen *ss* und *ss*, entsprechend der des früheren Mittelalters zwischen *ss* und *s* wieder unter uns hat einführen wollen, eine Unterscheidung, die immer doch nur Sache des Schreibens, nicht aber auch des Sprechens wäre, daß er und die ihm hierin folgen nicht berechtigt sind dieß ihr Verfahren ein historisches zu nennen"*). Unmöglich soll doch dieser vorwurf den urheber des ärgernisses, als der sich bekehrt habe, ausnehmen und lediglich seine nachfolger treffen, sondern er will es ohne zweifel mit beiden zu thun haben. Und dabei weiß Wackernagel so gut wie jeder andere, daß Grimm z. b. im jahre 1840 jene angefochtene unterscheidung nicht mehr vor augen geführt hat. Wie läßt sich nun dieser widerspruch, nenne man ihn vorläufig einen wirklichen oder nur scheinbaren, angemeßen vereinigen? Ehe ich hierauf antworte, soll zuvor großentheils in chronologischer weise, welche hier in vorzüglichem grade zweckdienlich sein dürfte, über Grimms thatsächliche schreibung der sogenannten zischlaute bericht erstattet werden.

Wer in schriften Grimms aus den ersten 10 bis 12 jahren blicke wirft, wird einer schreibweise gewahr, die sich hinsichtlich der zischlaute von der herkömmlichen (gottschedschen) nicht grundsätzlich noch wesentlich entfernt. Diese weise beruht bekanntlich, abgesehn von dem für sich allein zu betrachtenden verhältnismäßig unbedenklichen einfachen *s*, darauf daß im auslaute stets ß geschrieben werde, im inlaute dagegen nach kurzem vokal *ss*, vorausgesetzt jedoch daß hinterher noch ein vokal folgt, sonst (d. h. nach langem vokal oder wenn ein konsonant folgt) ß. So finden sich z. b. Meisterges. und Altd. wäld., um bei diesen beiden büchern, die sich von 1811 bis 1816

---

*) Sechs Bruchstücke einer Nibelungenhandschrift s. 44.

erstrecken, stehn zu bleiben, folgende schreibungen: 𝔚𝔞𝔰 𝔣𝔢𝔯, 𝔉𝔩𝔲𝔰𝔰𝔢𝔰, 𝔭𝔞𝔰𝔱, 𝔞𝔟𝔤𝔢𝔯𝔦𝔰𝔰𝔢𝔫; ferner in übereinstimmung mit dem gemeinen gebrauche solche ß, für welche später regelmäßig bloßes s eingetreten ist: 𝔤𝔢𝔴𝔦𝔰, 𝔑𝔬𝔰, 𝔟𝔢𝔰𝔥𝔞𝔩𝔟, 𝔐𝔦𝔰𝔳𝔢𝔯𝔰𝔱ä𝔫𝔡𝔫𝔦𝔰; endlich einige s für ß: 𝔟𝔩𝔬𝔰, 𝔐𝔞𝔞𝔰, 𝔟𝔦𝔰𝔠𝔥𝔢𝔫. Hierbei darf zwar nicht verschwiegen bleiben, daß zu gleicher zeit auch mehr oder weniger empfindlich abweichende und geradezu entgegengesetzte schreibungen ans licht getreten sind, theils solche welche sich später als echt historische geltend gemacht haben, theils andere denen weder der herschende gebrauch noch theoretische richtigkeit zur seite steht. Zu jener klasse gehören: 𝔣𝔞𝔰𝔢𝔫, 𝔣𝔯𝔢𝔰𝔢𝔫 (neben 𝔙𝔢𝔯𝔣𝔞𝔰𝔰𝔢𝔯, 𝔣𝔢𝔰𝔰𝔢𝔩𝔫) in Schlegels mus. I, 𝔉𝔩ü𝔰𝔢, 𝔊𝔢𝔰𝔠𝔥𝔬𝔰𝔢, 𝔐𝔦𝔰𝔱𝔯𝔞𝔲𝔢𝔫 Altd. w. II, 𝔤𝔯ö𝔰𝔱𝔢𝔯, 𝔤𝔢𝔤𝔢𝔦𝔰𝔢𝔩𝔱 Sag. I; zu dieser: 𝔷𝔢𝔲𝔤𝔫𝔦𝔰𝔢, 𝔖𝔱𝔢𝔦𝔫𝔪𝔞𝔰𝔢𝔫, 𝔊𝔩𝔬𝔰𝔞𝔯, 𝔐𝔦𝔰𝔢𝔱𝔥ä𝔱𝔢𝔯 Irmenstr. (v. j. 1815), 𝔣𝔞𝔰𝔱𝔢 (faßte), 𝔑𝔢𝔦𝔰 (reis, reisich), 𝔄𝔰 (aas) Sag. I u. II, 𝔚𝔢𝔦𝔰𝔟𝔯𝔬𝔱, 𝔟ö𝔰𝔩𝔦𝔠𝔥 Märch. II, 𝔤𝔢𝔴𝔦𝔰𝔢𝔫, 𝔢𝔫𝔱ä𝔲𝔰𝔰𝔢𝔯𝔫 Altd. w. III, 𝔴𝔢𝔦𝔰𝔱, 𝔟𝔢𝔴𝔢𝔦𝔰𝔱 (190 𝔅𝔢𝔴𝔢𝔦𝔰) Arm. Heinr., 𝔊𝔢𝔦𝔰, 𝔑𝔢𝔦𝔰𝔦𝔤 Edda, 𝔞𝔲𝔰𝔤𝔢𝔰𝔱𝔬𝔰𝔰𝔢𝔫 neben 𝔥𝔢𝔰𝔰𝔢𝔫 Schlegels mus. I. Ungenauigkeiten und offenbare fehler solcher art sind auch noch später bemerkbar, z. b. Wuk 67 *gewiße* (91 *gewisse*), Ir. elf. XCIX *äusserste*, 101 *weiß* machen; in den briefen an Hoffmann (Pfeiffers Germ. XI) *dißertation*, auf derselben seite zweimal *Düßeldorf* und einmal *Düsseldorf*, zu anfang *Caßel* später *Cassel*; Gr. I², 178 *beßten* (das mehrmalige *maße* f. *masse* ist als druckf. angemerkt), IV, 213 *aufgelößt*, Myth. II, 790 macht er ihm *weiß*, 842 *grössere*, 1115 *auffasste*, Andr. u. El. X *faste* (XII u. LVI mit dem stellvertreter des ß), Wtb. I, 1345 *mehlklöse*, Kl. schr. II, 390 sproß oder *reiß*. Nachdem Grimm, wie oben verzeichnete beispiele lehren, schon in frühster zeit auch nach kurzem vokal einzelne historische ß anstatt der den gebrauch beherschenden doppelten s gesetzt, ferner in den briefen an Hoffmann (Pfeiffer a. a. o.) z. b. *laßen, müßen, faßen, vergeßen*, (378 *ermessen*), *beßer, nüße* geschrieben hatte, ließ er Gramm. I² diese richtung

in systematischer weise, zugleich mit herstellung vieler
einfachen *s* für übliches *ß*, zu allgemeiner anschauung
gelangen. Einzelne unregelmäßigkeiten, an denen es wie
überall so auch hier nicht fehlt, können wenig oder nichts
verschlagen. Aber etwas sehr merkwürdiges, worüber
sich schwerlich irgend ein bestimmter nachweis findet, so
nothwendig er zu sein schien *), fällt in die augen: die
anmerkungen unterm text geben für *ß* das zeichen *fs*, z. b.
s. 15 anm. 2 *blofs, verfafser, dafs* **). Knüpft sich an diese
erscheinung wol ein anderes urtheil als dem gleich zu
anfange hat ausdruck gegeben werden müßen? Ein schriftsteller, der sich in einem und demselben buche und oben-
drein in demjenigen, in welchem er zum ersten mal „dem
fehler auszuweichen versucht" (Gr. I², 527), zwei so gründ-
lich verschiedene zeichen von überall gleichem werthe
mit rücksicht auf einen geringen unterschied der buch-
stabengröße gefallen läßt, dabei es nicht für nöthig er-
achtet durch einige worte der rechtfertigung dem erstaunen
des lesers zu begegnen: ein solcher schriftsteller wird
sich überhaupt zu gangbaren vertretungen desselben buchstaben veranlaßt fühlen können, zumal wenn in jedem
falle zugleich eine wenn auch nur zeitweilige konsequenz
innegehalten werden kann.

Der dritte theil der grammatik (1831) zeigt jenes
geschichtliche *ß* in gleicher weise wie die beiden ersten,
nicht mehr der vierte (1837), in welchem dafür *ss* steht.
Innerhalb dieser 6 jahre liegen z. b. Reinh. Fuchs (1834)
und Myth. 1. ausg. (1835); in beiden waltet schon dieses
ss, aber für *ß* auffallend genug das stellvertretende *fs*,
also: *lassen, essen, dafs, gefafst, fufs*. Ein von Pfeiffer
(Germ. XII, 116—117) mitgetheilter brief v. j. 1833 bringt
ebenfalls *ss* nach kurzem vokal zur schau, so daß die
wandlung zwischen 1831 und 1833 fällt, wobei die, wie

---

*) Typographische verhältnisse sind zu muthmaßen; vgl. vor-
rede XVII.

**) Dem zweiten theile wohnt das misverhältnis nicht mehr bei.

eben gezeigt worden ist, auch in chronologischer hinsicht inkonsequente und fast willkürlich zu nennende verwendung der beiden zeichen ß und ſs auf sich beruhen mag. Einen augenblick werde bei dem jahre 1840, aus welchem mehrere schriften stammen, verweilt; bei ihrer einsicht und vergleichung stößt man auf nicht weniger als eine dreifache verschiedenheit in der darstellung: nemlich Gr. I³ hat *daß*, *großen*, *fassen*, *läßt*, Sendschr. an Lachm. *daſs*, *maſsstab*, *schlusse*, *löſst*, Andr. u. El. *dass*, *bloss*, *wissen*, *heisst*. Die entgegnung, daran seien einzig und allein typographische umstände schuld, unzweifelhaft habe Grimm nur mit dem allergrösten widerstreben dergleichen zugelaßen, trifft nur zum theil, nicht völlig zu, ändert aber an der thatsache, auf die es hier zunächst ankommt, jedenfalls nichts. Zugleich darf nicht verschwiegen bleiben, daß Grimm mit feder und dinte, soviel aus seinen briefen zu entnehmen ist, bevor er das zusammengesetzte *sz* aufnahm, nicht aufgehört zu haben scheint ß zu schreiben, diesem also weder *ſs* *) noch jemals *ss* vorgezogen hat, höchstens letzteres mehrmals vor konsonanten, z. b. *lässt* (Pfeiff. XII, 116. 117. 118. 119), worin jedoch keineswegs übereinstimmung mit *lassen* stecken soll, da viel häufiger, ja im ganzen regelmäßig sonst *läßt*, (*läſst*, *läszt*), wie es sich gehört, begegnet **).

In allen fällen seiner betheiligung an fremden büchern und zeitschriften wird sich Grimm, dem es ohne zweifel wichtig erschienen und sehr angenehm gewesen ist, wenn er lat. schrift und wo möglich minuskel fand, doch nicht darum gekümmert haben, wie es den meisten ebenfalls zu gehen pflegt, ob ß oder eine vertretung gedruckt werde. Für ß herscht *ſs* in seinen beiträgen zu den zeitschriften von Kuhn und von Haupt, den theol. stud. u. krit., in

---

*) Zwar in den briefen an Pfeiffer (Germ. XI) von 1844—1851 findet sich diese figur, allein innerhalb derselben zeit auch ß, z. b. *spaß* v. j. 1847 (Germ. XII, 116), *daß*, *muß* vom jan. 1852 (das. 120).

**) vgl. Wtb. III, 1467.

der vorrede zu Merkels lex sal., in Dorows denkm., namentlich aber in den abhandl. der Berliner akad.; dagegen findet sich die vertretung *ss* in Schmidts zeitschr. f. gesch.*), in den vorreden zu Liebrechts Pentam. und zu Rößlers d. rechstdenkm., in der zeitschr. des vereins f. hess. gesch., in einem brief an K. Gödeke in dessen „Koninc Ermenrîkes Dôt. Die berichte der Berl. ak. bieten zum unterschiede von den abh. ungleiche schreibung: während z. b. im j. 1852 *fs* waltet, zeigt sich 1859 *ss*. Das gutachten bei Michaelis (anordn. des alpbab.), welcher der phonetischen richtung zugethan doch „daß" neben „muss" zu schreiben pflegt, hat *dass* und *muss*; dieselbe weise findet sich in Wuks volksmärch. der Serben übers. v. dessen tochter (1854). Größerer beachtung ist es werth, daß Grimm, nachdem er sich veranlaßt gesehen hatte für mhd. ʒʒ die frühere schreibung *ß* gegen *ss* aufzugeben, nichtsdestoweniger oft genug in eigenen schriften **) die andere doppelung, welche jener gerade entgegenstehn soll, nemlich *fs*, gebraucht hat. In der 2. ausg. der Myth. v. j. 1844 ***) stößt man auf: *einflufsen* (308), *schufses* (354 zweimal), *geschofse* (844. 1193), *überdrüfsig* (878), *sprofses* (912), *genufse* (1036), *flufses* (1136). Die menge solcher beispiele, welche keineswegs mit sonderlicher aufmerksamkeit ausgezogen worden sind sondern sich mit hilfe derselben leicht vermehren laßen, scheinen die annahme von schwankungen und inkonsequenzen der gewöhnlichen art zurückzuweisen. Möglich ist es, doch nicht ausgemacht, daß in der mehrmals vorkommenden schreibung

---

*) hier (270. 271 des 2. bandes) stehn die ungeheuer *rossschweif*, *maassstab*!

**) vgl. Altd. bl. v. Haupt u. Hoffmann bd. I, wo sich in einem beitrage Grimms nicht nur *dafs*, *blofsen* sondern auch *lafsen*, *müfsen*, *befser*, *kefsel* abgedruckt finden. Haupt in seiner zeitschrift schreibt noch heute so.

***) Man beachte, daß in diese ausgabe, welche in dem verlage der grammatik erschienen ist, nicht typographische verlegenheit *fs* für ß gebracht hat.

genosse, genoszin (Wtb. II, 603. IV, 73 je zweimal) die ursprüngliche vokallänge (mhd. genôʒ oder genôʒe, genôʒinne) zur anschauung gelangen soll. Aehnlich stehn sich *Elsässer, elsässisch* (Kl. schr. III, 101. Wtb. III, 417) und *Elsäszer, elsäszisch* (Kl. schr. II, 356. Wtb. I, XVII) gegenüber; Kl. schr. II, 84 begegnet *gehässigkeit* neben *hassen*. Erscheinungen dieser art ruhen auf anderem boden, will man gerecht urtheilen, als auf der voraussetzung, Grimm habe mit seiner in der grammatik über die vertretung des mhd. ʒ und ʒʒ dargelegten ansicht grundsätzlich gebrochen.

Wenn man den gebrauch des zeichens *sz* vom beginn des wörterbuches (1852) datiert, so hat dieß seinen besten grund, insofern in der vorrede die erste rechenschaft darüber abgelegt wird *). Es liegt also die thatsache vor, daß Grimm die gottschedsche orthographie, welche man als die allgemein herkömmliche und gebräuchlichste bezeichnet, etwa 30 jahre lang, unter diesen die letzten reichlich 10 seines lebens mit beobachtung der zeichen *sz* und *ss*, vor augen geführt hat. Da er aber, wie bereits angegeben worden ist, auch in seiner ersten periode d. h. etwa bis zum jahre 1822 sich jener schreibung bedient hat, so erstreckt sich, bloß äußerlich genommen, die verwendung des inlautenden historischen ß nach kurzem vokal nur über etwa 10 jahre. Diese 10 von über 50 jahren sollten wirklich, wenn ihnen die letzten 30 mit entgegengesetztem gebrauche folgen, im stande gewesen sein recht eigentlich innerhalb dieser 30 eine solche bewegung unter gelehrten und ungelehrten hervorzurufen, wie sie thatsächlich auf dem gebiete der deutschen orthographie statt-

---

*) Namentlich in briefen wird Grimm später häufig dieser veränderung erwähnt haben. Mir schrieb er neujahr 1856: „Der misbrauch, den man von *ss* macht, ist unerträglich und sich wider *ss* zu sträuben, weil es polnisch oder ungrisch aussehe scheint mir albern, da wir ja mit allen nachbarn buchstaben gemein haben müssen". Aehnlich an Frommann (Pfeiff. XII, 122); vgl. Michaelis anordn. 44.

gefunden hat und bis auf den heutigen tag im stillen fortdauert? Hielten sich die vertheidiger des geschichtlichen ß nicht davon überzeugt, daß Grimm auch in seinen späteren jahren, auch nachdem er sich in der vorrede zum wörterbuche ausgelaßen, nicht aufgehört habe an die berechtigung dieses zeichens zu glauben: es gäbe ihrer überhaupt so viele nicht, und Wackernagel hätte nicht nöthig gehabt jenen oben vermerkten ausspruch zu thun. An der stelle nun des wörterbuches, welche den grundsätzlichen gegnern jenes ß so willkommen ist (I, LIX), heißt es wörtlich: „wir sprechen und schreiben inlautend ss nach organisch kurzem oder gekürztem vokal in gasse, lassen" u. s. w.; ferner I, 3: „der auslaut sz liebt vor sich kurzes a (hasz, lasz, nasz) und geht inlautend über in ss (bassen, lassen, nasses)". So einfach und verständlich dieß an und für sich ausgedrückt ist, fordert es seine deutung doch vom zusammenhange. Nachdem Grimm beim sz von einem satz ausgegangen, den wir bei den anhängern der phonetischen vertheilung, welche nirgends auf schwierigkeit stoßen, nicht zu gewahren pflegen, daß „sein verhalt zu ss höchst unsicher und zweifelhaft" scheine, bemerkt er im verfolg, daß schon die mhd. doppelung ȝȝ weicher geworden sei als auslautendes ȝ, spricht von Hessen und Heȝȝen und bestätigt nun, daß uns ss und ȝȝ zusammenfallen. Der neue absatz beginnt jedoch wieder mit worten, welche auf unsicherheit und schwierigkeit hinweisen. Hier wird mitgetheilt, daß auslautendes s für sz im laufe der letzt vergangnen jahrhunderte es nahe gelegt habe auch dem inlaut ſs zu verleihen, daß jedoch, nachdem auch dieser behelf in userm jahrh. durch beseitigung des ſ versagt habe, dafür von den setzern zu ss gegriffen worden sei. Und nun tadelt Grimm dieses ss mit strenge, ebenso und zum theil mit noch stärkeren ausdrücken anderswo, z. b. Wtb, III, 1211. Michaelis 45. Am bemerkenswerthesten erscheint aber eine erst vor kurzem in Pfeiffers Germ. XII, 122 bekannt gewordene briefliche äußerung vom j. 1857, welche auch noch in anderer hinsicht behalten zu werden verdient: „Meine autorität in deutschen dingen schlage ich gering an, seit ich nicht einmal vermochte, das elende ss neben ß zu stürzen und zopf und haarbeutel von allen fortgetragen wird". Man wird entgegenhalten, die klage über ss beziehe sich auf die stellung nach langem vokal, im auslaut und etwa vor einem kons., schließe jedoch die geltung für ʒʒ völlig aus; das stehe ja im wörterbuche bestimmt angegeben. Allein bei aller bereits eingeräumten äußeren verständlichkeit kommt es, meine ich, auf mehr an, ja die eigentliche hauptfrage ist noch unbeantwortet. Denn jetzt handelt es sich darum, was, abgesehen von allen äußeren rücksichten, denen er in wirklichkeit weit mehr, als gewöhnlich behauptet wird, gehuldiget hat, Grimms wahre innerste meinung gewesen sei. Als er in der grammatik es versuchte dem in rede stehenden ß eingang und geltung zu verschaffen, überwog ihm die meinung, feinhörigen dürfe die unterscheidung von *gewißen* (conscientia) und *gewissen* (certum) immer noch angemuthet werden; er fügte aber schon damals hinzu, daß auch im falle des irrthums die schreibung den alten, guten unterschied zu ehren habe.*). Auf das letztere lege ich deshalb gewicht, weil er später im wörterbuche ausdrücklich das gerade gegentheil jener meinung und zwar mit vollkommenstem rechte ausgesprochen hat**). Heute hat sehr vieles gleichen klang und reimt vortrefflich, was ehedem verschieden lautete und sich dem reim entzog; niemand stellt aber die forderung, daß es auch gleich geschrieben werde. Hat ʒ, ß wandlung erlitten, so sind auch manche andere laute nicht stehen geblieben, und bemühungen ein historisches zeichen unbeschadet des unterschiedes der jetzigen von der ehemaligen aussprache zu schützen finden oft mit

---

*) Gr. I², 527.
**) Manuel Raschke (Prob. u. grunds. 42) irrt gewaltig, wenn er mich aus einer bloßen nebenbemerkung diesen unterschied, den ich im gegentheile nie anerkannt habe, beweisen läßt.

recht auf allen seiten anklang. Dergleichen bedarf der beweise nicht, auch habe ich sie bei früheren gelegenheiten gegeben. Hat sich Grimm in der grammatik der schreibung des ß, auch wenn die aussprache mit der von ss zusammenfallen sollte, sehr geneigt erklärt; so hält es schwer sich davon zu überzeugen, daß aus seinen im wörterbuche ausgesprochenen worten grade die entgegengesetzte ansicht, welche deutlich und bestimmt vorzutragen so nahe lag, zu schöpfen sei. Woher kommt es nemlich, daß er von jener äußerlich hervorgetretenen wandlung, deren wahren inneren grund zu erkennen, wie er wißen durfte, seinen lesern schon an und für sich von großer bedeutung, zu einer zeit aber, da sich eben mehrere von ihnen anhaltend mit deutscher orthographie beschäftigten und davon öffentlich zeugnis ablegten, nothwendig und unentbehrlich sein muste, woher kommt es, frage ich, daß er davon so unbestimmt und zweifelhaft geredet hat? Wir besitzen zwar von ihm allgemeiner gehaltene erklärungen, nach denen es ihm oft nicht zusagte, wenn man auf das, was er vor langen jahren geschrieben hatte, noch die gröste rücksicht nahm, da er sich auch selbst nicht gebunden erachten wollte einmal ausgesprochene ansichten für immer zu vertreten *). Zugleich aber wißen wir, in wie unendlich vielen fällen er meinungen, welche er ehedem gehegt hatte, frei und offen, wie sein sinn war, entweder zurückgenommen oder eingeschränkt und gebeßert hat. Nun trifft es sich grade bei den zischlauten, daß er zu verschiedenen malen theils öffentlich theils brieflich über minder belangreiche dinge, wie doch die frage, ob sz oder ß, s und ſ oder s allein, offenbar sind, sich ausgesprochen, den hauptpunkt, nemlich die frage nach vertretung des mhd. ȥȥ, unberührt gelaßen und nur im wörterbuche unzureichend besprochen hat. Dieselben oben angegebenen gelegenheiten, bei welchen er seiner einführung oder erneuerung des sz gedenkt, geben ihm veran-

---

*) Vorrede zu Schulzes goth. gloss. II. Gött. gel. anz. 1835, 914.

laßung zugleich die abschaffung des ſ zu begründen, ja in dem trefflichen gutachten bei Michaelis verweilt er mit erhöhtem interesse und in launiger gemüthlichkeit bei dem „glücklichen" zeichen s, „das in anmuthiger schlangenwindung den scharf und spitz ausgehenden zisch darstellt", und nennt „das langgestreckte ſ gleichsam eine blindschleiche statt der gewundenen schlange". Woher dieses misverhältnis in der behandlung des wichtigen und des minder wichtigen, ja im grunde unwesentlichen? Die worte des wörterbuchs: „wir sprechen und schreiben inlautend ss" u. s. w. erinnern mich zunächst an sehr häufige fälle, in denen er sich ähnlich ausdrückt, aber meistens hinzufügt, daß der gebrauch falsch sei, dem er sich gleichwol fast regelmäßig selbst überläßt *). An derselben stelle, wo er (Wtb. III, 1126) den übergang des mhd. eʒ in es, das nun mit dem genit. durcheinanderlaufe, deutlich genug beklagt, heißt es: „s wird mit ʒ gemischt, ss mit ʒʒ, die verwirrung nimmt immer zu", und hierauf: „zu abhilfe solcher mischungen und wenigstens theilweise zu herstellung des früheren zustandes gleiten vorgeschlagene besserungen, wo sie noch eintreten könnten, ab an verwöhnung oder gleichgültigkeit der sprechenden und schreibenden". Wer mag es leugnen, daß das gewicht dieser worte sehr schwer in die wage fällt? Mir sind sie ein hauptbeweis desjenigen, wofür ich mich zu entscheiden kein bedenken getragen habe. Wird in der vorrede die thatsächliche mischung von ss und ʒʒ ohne subjektive nebenbemerkung gemeldet, so ist hier zugleich von einer bedauernswerthen verwirrung die rede, welche wegen ungünstiger verhältnisse der abhilfe nicht theilhaftig werde.

---

*) vgl. Gr. I², 521 „ē fehlerhaft für ae in schwer, leer", I³, 220 „fehlerhaftes i in wichsen f. wechsen", 226 „entschieden fehlerhaft schreiben wir und sprechen aus ereignen, ereignis". Wtb. III, 672 „man sollte überall wieder entzwei schreiben; sobald einmal die pedantische luft aus unsrer schreibung weicht, wird es gleich vielem andern auch geschehen", 685 „die falsche schreibung ihn, ihm".

Ich darf nunmehr diese engere, ohnehin bereits lang gewordene untersuchung mit folgendem urtheil schließen: Grimm hat mit seiner früheren ansicht über die vertretung des ȥ nicht grundsätzlich gebrochen, ist nicht „ins Gottsched-Heysesche Lager zurückgekehrt"*), hat vielmehr niemals auf seiten der phonetischen vertheilung der zischlaute gestanden; er ist aber großentheils aus unmuth über fehlgeschlagene erwartungen, dem bisweilen eine sehr begreifliche gleichgiltigkeit der stimmung erwachsen mochte, zum theil auch aus anderen für sich bestehenden rücksichten, wie sie jeder besonnene in orthographischen dingen zu nehmen pflegt oder sich nöthigen läßt, seit einer langen reihe von jahren geneigt gewesen und hat diese neigung sattsam offenbart, einstweilen an den dingen nicht mehr zu rütteln sondern sie gehen zu laßen, bis in günstigerer zeit eine größere empfänglichkeit für diejenige reinheit und richtigkeit der schreibung einträte, welche ihm von anfang an wünschenswerth und nicht unerreichbar erschienen ist.

Das verhältnis des einfachen mhd. ȥ und des s erledigt sich auf leichtere art. Unter den wörtern mit auslautendem s für ß begegnen nur wenige, denen Grimm bisweilen das ältere zeichen verliehen hat; die meisten sind von ihm jederzeit in der hergebrachten form geschrieben worden. In schriften der älteren und mittleren zeit liest man oft *kreiß* (März. I, 12. 402. 455. 481. II, 41. Gr. I², 695. III, III. VII. 530. Rechtsalt. 747. 804. 809. 936), während daneben seltener *kreis* (Gr. III, 134 *gesichtskreis*) zu begegnen scheint; dahingegen herscht diese letztere allgemein gebräuchliche form in späterer zeit wol allein, namentlich Gesch. d. d. spr. und Wörterb. (vgl. I, 1023. 1114. 1346. III, 359. 360). Einen vermuthlich auf die aussprache gegründeten aber ohne zweifel ungeeigneten wechsel zwischen ß und s mit beziehung auf den unflektierten und den flektierten fall habe ich Ir. elf.

---

*) wie sich G. Stier ausdrückt (Material f. d. unt. im altd. s. 30).

(v. j. 1826) angetroffen: nemlich XXI. LXXXI. CIV. z. b. findet sich *kreiß*, 21. 216 *kreise*; in den märchen, wo schwanken der grundform statt hat (vgl. I, XXVL 427 *kreis* und oben *kreiß*), steht II, 428 *umkreißte*. Zwischen *loß* und *los* oder *loos* waltet ein ähnliches doch mehr umgekehrtes verhältnis der unsicherheit; denn grade in der späteren und letzten zeit tritt die historische form am meisten vor augen: *loos*, *loosen* finde ich z. b. Gr. IV, 263. Myth. 293. Sendschr. 70. Kl. schr. II, 100. Bericht d. ak. 1851, 100, *loß* Myth. 584. 642. Kl. schr. I, 200. II, 165. Gesch. 16. 376. 684. 828. Wtb. I, LXIV. 912. II, 480. 506. III, 711, daneben folgerichtig und zugleich überaus lehrreich mit beziehung auf das gesetz der aussprache auch *loßen* (Myth. 585. Kl. schr. II, 165. Gesch. 159. Wtb. I, 912. 977. III, 711. 1518). In dem theoretisch aus mehr als einem grunde völlig gerechtfertigten zweifel, ob *dies* oder *dieß* angemeßener sei, hat sich Grimm für *s* entschieden; nur einzeln habe ich in dem worte *ß* bemerkt (Kl. schr. II, 317), auffallend aber auf der nemlichen seite (Gr. I³, 210) zweimal *dies* und einmal *dieß*. Bei vorhergehendem konsonant (vgl. Gr. I², 413) wird älteres *ß* heutzutage nicht leicht geschrieben: früher zeigte Grimm formen wie *emßig* (brieflich in Pfeiff. Germ. XI, 386. Gr. II, 88. 304. Myth. 603. II, 1023; anders Gr. II, 221), *binße* (Gr. III, 370); vgl. *gemse* und *gemße* Gr. II, 999. III, 339. Selten (Ir. elf. LXXXIX zweimal) trifft man *ameiße* (mhd. ameiʒe), wogegen *feißt* (schon März. II, 472 gegen den gebrauch) ausdrücklich im wörterbuche (III, 1467) verlangt wird. Bereits sind s. 40 mehrere unrichtige sowol als unübliche *ß* aus älteren schriften Grimms nachgewiesen worden (*beweißt*, *bößlich*, *aufgelößt*); ebendahin gehören *muß* (Sag. II, 89) f. *mus* (vgl. gemüse), *naseweiß* (Gr. IV, 285). Zwar *roß*, *gewiß* zu schreiben ist überwiegende sitte, doch heißt es Gr. I², 524, wo zwischen einfachem und doppeltem *s* geschwankt wird, geradezu: „nur nicht *roß*, *gewiß*". Gleichwol stößt man, abgesehen von der gewohnheit in den ältesten zeiten (vgl. oben), ein paarmal auf *roß* (Gr. I², 701. Kl. schr. II, 26), *gewiß* (Gr. I², 32. Kl. schr. I, 50. III, 421), während sonst regelmäßig *ros, gewis* (wie im mhd.) zu lesen ist, nicht *ross, gewiss* *). Was er Gr. II, 273 lehrt: „*gleisner*, nicht *gleißner*", hat Grimm in eigener praxis zu befolgen nicht unterlaßen; doch begegnet Wtb. I, 1295 *gleißnerei*. Auch von falschem und dem gebrauche nicht oder nicht mehr gefälligem *s* für *ß* sind s. 40 beispiele angeführt worden (*weisbrot, faste* f. faßte); derselben art sind ferner *schoos* (Edda 13), *ambos* (Märch. II, 27. Edda 43. 165), *kürbis* (Gesch. 214. Wtb. II, 198); vgl. noch zu *maas* Wuk XIX. Gr. I¹, 392. 551. D. beid ält. d. ged. 37, zu *bisohen* Sag. I, 1. Märch. II, 2. 26. 31, zu *geis* Edda 39. 77. Märch. I, 30. II, 309. 527. Selten im ganzen, verglichen mit einem noch heutzutage nicht völlig überwundenen gebrauche, findet sich für *bloß* im adverb *blos*, z. b. Sag. I schwank. Altd. w. **) I, 133. Ir. elf. gewöhnl. Wuk XLIII (XLV mit *ß*). In jedem der beiden *geisel* steckt organisches *s*, daher auch Grimm regelmäßig so schreibt; Myth. 523 steht *ß*. Mit *ros* vergleicht sich aufs genauste *kus*, die von Grimm gleichfalls weit bevorzugte form (Gr. IV, 304. 334. 873. Reinh. LXXVII. CXXIX. Myth. II, 971. 1018. 1055. Wtb. I, 99. 100. IV, 163); die doppelung soll Reinh. CXXXVI *ß* bedeuten. Daß auch *pas* (Wtb. I, 1157. III, 1418) und *bas* (Wtb. I, 1146), überdieß fremdwörter, einfachen auslaut haben, folgt richtig, bei *spaß* dagegen (Wtb. III, 1473. 1888), das aus dem ital. geleitet wird, geht Grimm dem gebrauche nach. Befremdend, da der ursprung doch nicht deutsch sondern lateinisch ist, tritt *schleuße* auf (Wtb. I, VII. 111. III, 300. 1836); mit *maußen* („nicht *mausen*": Wtb. I, 77) wechselt Myth. I, 222 *mauseseit*. Verdienten anhang hat fast überall, wo nach gründen gefragt wurde, die einfachheit in den silben *mis-* und *-nis* gefunden,

---

*) Wtb. III, 1211 wird die schreibung *ross* anstößig genannt, Bericht d. ak. 1859, 723 steht *rossgarten*; *gewifs* findet sich Gr. I², 6. 13, wo man *fs* für doppelung, nicht für *ß* zu halten hat.

**) hier auch das flektierte adj. *bloser* (II, 154).

z. b. *misverhältnis*. Bisweilen zwar stößt man auf ß (Altd. w. I, 124. Wuk 69. Kl. schr. II, 462. Ir. elf.), *ſs* für ß (Reinh. CXXXVI. Myth. I, 326), ferner auf *ss* Andr. u. El. Zeitschr. f. hess. gesch.*), endlich Gr. I² ziemlich oft auf die doppelung *ſs*, z. b. 172 *miſsverständniſs*, 8. 10. 485 *verhältniſs*, 5 *kenntniſs, bewandtniſs*: doch alle diese abweichungen verschwinden vor dem gesetzmäßigen gebrauche, und neuere schriften, vorab das wörterbuch, haben nichts dergleichen sondern zeigen durchstehend den reinen buchstab. Daß Grimm *des, wes* nebst deren zusammensetzungen geschrieben hat, versteht sich von selbst; formen wie Gr. IV, 560 *indeſs* (vgl. 644. 656. 696. 837. 841. 907 *indes*) stehn vereinzelt. Bei verben mit inlautendem organischen *ss* neigt sich Grimm vor dem flexivischen *t* zu derselben zusammenziehung und vereinfachung (vgl. Wtb. I, LIX), welche s. 30 in wörtern wie „samt, karn" (sammet, karren) wahrgenommen worden ist. Am häufigsten ist mir von dieser art *past* vorgekommen (Gr. I², 138. 176. 258. 616. 766. 881. 985. II, 309. 333. III, 379. IV, 283. 710. 749. Wtb. I, 343. III, 189), *anpasten* Abh. d. ak. 1858, 35; dagegen liest man und zwar jedesmal verschieden Gr. II, 151 *paſst*, Gesch. 782 und regelmäßig Andr. u. El. (vgl. 113. 130. 134. 144) *passt*, Gr. II, 254 *angepaßt*. Von „missen" leiten sich *gemist* (Gr. I², XVIII), *vermiste* und *vermist* (Altd. bl. I, 370. Gr. III, 120. IV, 116. Gesch. 457. Myth. VI. Kl. schr. II, 98. 99. Wtb. I, 790); von „küssen" heißt es *küst, küsten* (Andr. u. El. IX. Kl. schr. II, 379. Wtb. III, 1581), *geküst* (Myth. II, 921); *prest* steht Wtb. I, 925, aber *auspresste* Kl. schr. II, 394. Von anderer art sind die aus „müßen" und „wißen" entspringenden formen *weist, wuste, gewust, bewust, must, muste*, deren sich Grimm bedient; ausnahmsweise liest man Myth. II, 1136 *weiſst* d. h. weißt, Gesch. 698 aber *musste* (vgl. oben s. 42 *lässt*). Mit „muste, wuste" wird

---

*) Ob dieses *ss* den werth des doppelten *s* haben oder dem ß gleichstehn soll, läßt sich mit sicherheit nicht entscheiden.

Wtb. I, 1659 und III, 1467 *beste* zusammengestellt, *gröste* aber nicht zugleich erwähnt. Dieser umstand, mehr natürlich die ziemlich oft neben der andern vorkommende schreibung *größte* (Gr. III, 161. Kl. schr. II, 281. Urspr. 41. Gesch. 17. 127. 149. Myth. I, 480. Wtb. I, XIII. XXVIII. 1170. II, I. 615. IV, 74) macht stutzig, wenn man sich der überzeugenden auseinandersetzung in der grammatik (I², 415) erinnert. Daß Grimm bisweilen im unterhaltungstone märchenhafter erzählungen geschrieben hat „du *läßt*" (März. II, 124. 125. Myth. 697. I, 426), „*vergißt*" (März. II, 12), „*haust*" d. i. hausest (Myth. I, 520), gehört der eigentlichen grammatik mehr als der orthographie an.

In den älteren schriften, welche zwischen s und ſ unterscheiden, kommen mischungen dieser zeichen einigemal vor. Was noch heute von vielen geschrieben wird, Dienſtag, Donnerſtag, findet sich Ir. elf. XXIX. 33. 199. Zwar begegnet wie sonst so auch Gr. I², 34. 37. III, 122. 244 u. s. f. das richtige *dasſelbe*, aber I², 47. III, 35. 36 *daſſelbe* und I², 98. 105. III, 714 *deſſelben*; ebenso steht es Gr. I², VIII um *weiſſagen* f. weisſagen, weissagen, wie regelmäßig zu finden ist*). Auch dem gebrauche wird das lange zeichen in *miſlich* (Gr. I², 141. 200. 439), weil kein zweites ſ folgt, nicht zusagen. —

Der buchstab *x* bietet nichts bemerkenswerthes dar. Grimm setzt ihn dem herkommen gemäß in den schriftbekannten wörtern sowie in gewissen mehr volksthümlichen formen, deren namentlich das wörterbuch manche hat (*baxen, faxen*); außerdem läßt er hier schwankungen mit *chs, cks* sehen (*buxbaum, beknixen*). Verfehlt ist Gr. III, 28 *flexierbarkeit* f. flektierbarkeit.

---

*) nicht „weißagen" (ahd. wiȝagôn, mhd. wissagen).

Eigennamen und fremdwörter.

In der vorrede zum wörterbuche (LXI) hat bekanntlich Grimm den grundsatz ausgesprochen, daß mindestens berühmte namen, die oft wiederkehren, das recht haben sollten den staub der schreibfehler von sich abzuschütteln*). Wenn man aber seine schriften untersucht, so kann man doch nicht finden, daß er selbst dieß verfahren mit bezug auf familiennamen, bei denen es überhaupt höchst bedenklich sein dürfte, innegehalten habe. Er schreibt z. b. *Abbt, Hoffmann, Pfeiffer, Cronegk, Göckingk, Merck, Tieck, Perts* u. s. w., unterscheidet *Gesner* und *Geßner*, *Heine* und *Heyne*. Dagegen können *Holzmann, Welker, Winkelmann*, wie er an jener stelle wünscht und auch wirklich anderswo schreibt, nichts bedeuten. Verschieden davon steht es um die ebenfalls angegriffene form *Württemberg*, überhaupt um die im gegensatze zu familiennamen objektiv und neutral sich verhaltenden geographischen und von diesen stammenden namen. Hier können unter umständen verbeßerungen der schreibweise angemeßen und nützlich sein, und jeder wird formen wie *Achen, Alemannen, Baiern, Burgunde, Staufer, Westfalen, Würtemberg*, welche Grimm vorführt, willkommen heißen, um so mehr aber beklagen, daß er bis zuletzt von *Cöln*, dem doch schon im mhd. *K* zustand **), nicht abgelaßen hat. Den grösten einfluß ist die sprache auf die schreibung der sogenannten vornamen, zunächst der einheimischen, auszuüben berechtigt. Wenn jedoch Grimm z. b. in den

---

*) vgl. Jornand. 2.
**) *Kölne* in Wolframs Parzival.

namen auf *-olf* mit recht das fremde *ph* zurückweist, mithin jederzeit *Adolf, Rudolf* schreibt, und Gesch. d. d. spr. 707 der entdeckten ansprechenden etymologie des namens gemäß viermal sogar *Gustaf*, so muß es wiederum befremden, daß er sich von *Carl, Conrad**), die in seiner früheren zeit häufiger als jetzt geschrieben wurden, nicht zu gunsten des *K* entwöhnt zu haben scheint. Gab er doch seinem eigenen vornamen, der freilich nicht deutsch aber auch nicht lateinisch ist, niemals das dem ursprunge genau entsprechende *k*. Ueberhaupt hat er eine große neigung zu dem in fremden namen und wörtern überkommenen lat. *c* offenbart, ohne indessen zu jeder zeit dabei konsequent zu sein. Beispiele des *c*, die sich auf jeder seite finden, dürfen hier verschwiegen bleiben, dagegen mögen einige mit *k*, zugleich ein paar der hervorragendsten schwankungen zur schau gelangen. Die meisten *k* habe ich verhältnismäßig in der gesch. d. d. spr. wahrgenommen, sogar hie und da in lateinischen namen, z. b. XIV *Skythen*, 8 *Kelten***), *Thraker*, 632 fg. *Kimbern*, 714 *Mark* Antonin, 745 *Thrakien* und *Makedonien* (815 *Macedonien*), stets *Markomannen, Daken;* Jornand. 48 wird gleichfalls *Dakien* gelesen, auf der nächstfolgenden seite aber *Dacien;* ferner Kl. schr. II, 224 *Sophokles*, 228 dagegen *Sophocles;* mehrere male wechseln *Lucian* und *Lukian*. Aehnlich verhält es sich mit dem *c* in appellativnamen, nur daß hier, wenn entweder der ursprung griechisch ist oder einbürgerung stattfindet, vielleicht beides vorliegt, *k* bisweilen dringender vermist werden mag. Von Gr. I² an finde ich fast durchweg *critik, critisch*, desgleichen *comma* (zweimal Wtb. II, IV), oft genug *catholik, catholisch*

---

*) beide zahllos vorhanden Ged. d. mitt. (v. j. 1842), woselbst sich auch *Cöln* sehr häufig findet; in allen dreien wird zwar Wtb. II, 601 grundsätzlich *K* vorgezogen. Auf derselben seite (Kl. schr. II, 354) wechseln *Cochem* und *Kochemer*.

**) Kl. schr. II, 79 (v. j. 1845) steht *Celten, celtisch*, II, 119. 121 fg. (v. j. 1847). 412. 418 (v. j. 1858) *Kelten, keltisch*.

(Gr. I³, 306. Myth. 2 fünfmal. Urspr. 25. Wtb. I, 580), mitunter *creuz* (Sag. I, 260. 262. Savigny II, 84. Gr. I², 68), *casteiung* Wtb. III, 1352, *cämmerin* Sag. II, 44. Obgleich Grimm früher häufig *carte* geschrieben hat (Zeitschr. f. hess. gesch. II, 136. 142. 154. Gesch. 838 und 2. aufl. 581), sogar Kl. schr. II, 64 dreimal im sinne der spielkarte, enthält das wörterbuch weder diese form noch „charte", zum beweise daß nur *k* gelten soll. Auch einem deutschen worte, als wäre es fremd, hat Grimm ehedem *c* verliehen: *clammer* (Altd. w. I, 193. Gr. I², 205). Als ausnahmen begegnen *vokal* Gr. I³, 381, *konsonanz* Wuk XLVIII (ebenda *consonant*), *charakter* Gr. I³, 381. Urspr. 15, *klasse* Meisterges. 36 (*classe* 75), *komponirten* Altd. w. I, 187, *kredenzt* Lat. ged. 77. In derselben schrift wechseln *kaplan* und *capellan* (Kl. schr. III, 29. 44), *krystall* u. *cristall* (Wtb. III, 1803. 1856). Häufiger zeigt sich *punkt* z. b. Gr. I², 4 (VI *puncte*). I³, XII. 541. 555 (6 *punct*). Urspr. 23. Wie *k* steht dem *c* auch *z* gegenüber, kommt aber seltener vor, da Grimm z. b. *medicinisch* (Kl. schr. I, 146), *personificieren, reduplicieren* (Schulzes gloss. VI. VIII. XIX) u. d. gl. zu schreiben pflegte; gegen die gewohnheit stößt man Gr. I² 440 auf *provinziell* (wegen „provinz"?). In den formen *reciproken* (Gr. II, 865), *cirkulieren* (Wtb. II, 627), *cykeln* (Kl. schr. II, 77) tritt zwiespältige schreibung entgegen; eine gewisse inkonsequenz liegt auch in der verbindung „*gratien* oder *parsen*" (Kl. schr. II, 105), wo man lieber zweimal *s* gesehen hätte. Einige *f* treten für *ph* auf, z. b. *Afrodite* (Myth. I, 365 und oft in d. abh. über den liebesgott Kl. schr. II, wogegen sich das. *Aristophanes* und II, 388 *Aphrodite* findet), *delfisch* (Myth. I, 345), *alfabetisch* (Schulzes gloss. III und IV), *fantom* (Myth. 512). Für „triumph" steht Myth. 336 *triumf*, statt dessen auch „triumpf" (vgl. *kampfer* Kl. schr. II, 385) gesetzt werden könnte. In adjektiven der ursprünglich lateinischen endungen -*aris* und -*osus* enthält sich Grimm zuweilen des gewöhnlichen, durch das französische vermittelten umlauts, z. b. *popular* (Myth. 493), *vulgar* (Gr.

I², 12. 13), *monstros* (Gr. I², 119. 170), *ominos* (Myth. 393), *religios* (Gr. III, 145).

Fragt es sich danach, wie sich Grimm den fremdwörtern überhaupt gegenüber verhalten hat, so gibt darauf die vorrede zum wörterbuche eine antwort, welche mit seiner praxis zusammenstimmt. Sehr weit entfernt jenem purismus zu huldigen, der ohne wahl in blindem eifer das gute mit dem schlechten auszurotten versucht hat, ist er doch allezeit bemüht gewesen aus dem heimischen wortschatz und aus der lebendigen quelle der mundarten zu schöpfen, wo so manche versäumte und zurückgesetzte formen und wörter der erlösung aus ungerechter gefangenschaft harren. Nicht nur alle diejenigen in der fremde wurzelnden wörter, von denen unsere sprache seit jahrhunderten besitz genommen hat, sind ihm jederzeit von gleichem werthe wie die deutsch gebornen gewesen; sondern auch viele andere, welche erst in späterer zeit, zum theil erst im vorigen jahrhundert eingang in deutsche rede und schrift gefunden haben, hat er, wenn günstige bedingungen ihrer aufnahme vorlagen, selbst gebraucht und bisweilen ausdrücklich empfohlen*), zu geschweigen einer zahllosen menge technischer und wißenschaftlicher namen und ausdrücke, die niemand ohne großen schaden, wie einsicht und erfahrung lehren, vermeiden kann. Daß er aber auch hier, wenn ihm ein geeigneter, etwa wörtlich übersetzter ausdruck aus der älteren zeit bekannt war, das fremde bei seite ließ, beweist z. b. *auslauf* f. excurs. Nur selten wird man auf wörter stoßen wie *ragout* (Wtb. III, 189), *loupe* (Gött. anz. 1835, 1099), *subsidien* (Pfeiffer XI), mündungen und *confluenzen* (Kl. schr. II, 40). Unter den fremden bildungen ragt an geläufigkeit die der unzähligen verben auf -*ieren* hervor, über welche sich Grimm außer an vielen anderen orten namentlich eingehend in der abh. über das pedantische ausgesprochen hat. Ob-

---

*) z. b. im wörterbuche *appetit*, *autor*, wogegen er mit *aldermann*, *arie*, *audiens* sich nicht befreunden konnte.

gleich er solchen verben keineswegs das wort redet, sondern sie recht pedantisch eingebracht nennt, auch der meinung ist, daß gute rede ihnen soviel wie möglich auszuweichen habe, wird er doch in eigener praxis die unentbehrlichkeit oder bequemlichkeit sehr vieler gefühlt haben. Abgesehen von der gleichmäßigen beobachtung terminologischer bezeichnungen insbesondere der grammatik, wie *deklinieren, flektieren, movieren*, liest man auch mehr oder minder vielleicht entbehrliche wörter, als: *intrudieren, tonsurieren* (Reinh. CXIV. CXXIX), *verclausulieren* (Kl. schr. II, 462), *recapitulieren* (Wtb. II, 26), *diminuieren* (615. 616), *capieren* (III, 238), *desorientieren* (577), *absorbieren* (1352), *revindicieren* (1422).

Silbentrennung, bindezeichen und apostroph.

Man darf erwarten, daß sich hinsichtlich der silbentrennung, welche nur ein augenblickliches äußeres bedürfnis zu befriedigen hat, sehr große unsicherheit in Grimms schriften offenbart. Ohne auch nur einer vermuthung darüber raum zu gestatten, was dem schriftsteller und was dem setzer beizumeßen sei, führe ich folgende widersprüche an: Gr. I³, 21 *zusammense-tzung*, III, 463 *zusammensetz-ung*; I², 11 *fac-tisch*, IV, VI *pra-ctisch*; II, 54 *punc-tation*, IV, 894 *constru-ctionen*; Jornand 11 *da-rum*, 48 *dar-um*; Personenwechs. 2 *schöp-fung*, Gr. I³, 22 *gipfel*; Myth. 284 *bloſ-sem*, 295 *krei-ſsenden*. Angesichts dieser empfindlichen mischungen kommt es darauf an zu erfahren, ob Grimm die abstammung oder die aussprache als entscheidend für die brechung der wörter betrachtet hat, und das läßt sich, wenn man auch dem setzer alles zuschieben wollte, nachweisen. Schon Gött. anz. 1826, 85 lesen wir von seiner abneigung gegen etymologische silbenabtheilung, die er mit grund pedantisch nennt, ferner das. 1835, 907, zuletzt gelegentlich Wtb. I, LIX. III, 1212. Man möchte wißen, ob Myth. 423 *Lo-thringen* und 474 *je-gliche* (mhd. ie-gelich) von Grimms absicht herrühren; schwerlich ist sie in *vol-lendete* (Ged. d. mitt. 31) zu erkennen, eher in haus•te (Sag. II, 164), weil wirklich in gewissen zeiten so zu trennen üblich gewesen ist. Während Myth. 192 und 264 die scheidung *diener-innen, halbgött-innen*, 288 *mumm-art* ganz auf der etymologischen seite steht, neigen sich das. 253 *hö-oker*, und 303 *trotzigen* am weitesten nach der entgegengesetzten richtung, welche auch im wörterbuche zu erkennen ist, z. b. I, XIX *lü-cken*, IV *plä-tzen*. Aeltere schriften zeigen häufig die auflösung in *kk*, seltener die in *zz*; vgl. Meisterg. 11 *trokkenheit*, 39 *entzük-kung*, Sag. I, 25 *ak-kerfeld*, 185 *glok-ke*, Gr. I¹, 624 *verschluk-ken*, Ir. elf. 7 *buk-kel, rük-ken*, auch noch Andr. u. El. 161 *druk-ken*, Gött. anz. 1841, 362 *ausdrük-ke* *), Urspr. 6 *zwek-ken*; Sag. I, 461 *schas-ses*, Ir. elf. 28 *schwäz-zen* (aber Meisterges. 186 *übersetzungen*). In den zusammensetzungen aus der griech. und lat. sprache scheint Grimm, vorausgesetzt daß sie ihm zugeschrieben werden darf, die theilung nach der aussprache vorgezogen zu haben, z. b. Gr. I², 7 *diph-thong*, (doch Wtb. I, 598 *di-phthong*), 5 und 6 *pro-sodie, pro-sodisch*, 293. 1005 *pa-rallel*, II, 484 *sy-nonym*, IV, 21 *tran-sitiven*.

Mit dem als bindezeichen innerhalb der zeile bei einer großen menge von zusammensetzungen gebräuchlichen trennungstrich folgte Grimm zu anfang der gewohnheit und dem geschmacke seiner zeit, welche ihn auch da zu setzen pflegte, wo er fast nirgend mehr zum vorschein kommt, z. b. Edda 5 wind-dürr, Königs-Sohn, 7 Wunder-Steine, 11 gold-beschlagen, 42 Bart-Haar, 66 blut-besprengte Leichen-Kleider, Sag. I, 2 ellen-

*) Schriften, deren herausgeber ein anderer ist, entziehen sich vollends einer auch nur einigermaßen sicheren beurtheilung; vgl. Zeitschr. f. hess. gesch. II, 147 *schrec-ken*, aber 156 *entdek-ken*. In den kleinen schriften Grimms ist die auflösung in *kk* beliebt worden.

lang (aber 3 ellenlang), 32 Hüft=Horn, 157 mit Glas=
Augen und Reh=Füßen, II, 268 Tafel=Geschirr, Irmenstr. 21 Riesen=sagen, Wuk III Slaven=Stämme, Ir.
elf. 7 Stulp=Stiefel. Wobei auch heute noch geschwankt
werden mag, steht Gr. I¹, 630 auf derselben seite: *ad-
jectiv-decl.* und *adjectivdecl.*, desgleichen Gr. I², 99 erst
gemein-alth. dann *gemeinalthochdeutsch;* vgl. Myth. II,
760 *himmlisch-irdische.* Jene eben wahrgenommene weise
verschwindet im verlaufe ganz: zusammengesetzte wörter
gewöhnlicher art werden, wie es billig und natürlich ist, zusammengeschrieben; zuweilen fügt Grimm auch da äußerlich aneinander, wo im ganzen entweder ein strich oder
getrennte schreibung üblicher sein dürfte, z. b. Reinh.
CXVI auf *nordfranzösischniederländischem* boden, Wtb. I,
1086 *Schleswigholstein*, III, 689 *pluralsie**), 1241 *schmutzig-
blaßroth*, 1583 der *bairischöstreichischtirolischen* mundart.
Leichter wird man das bedürfnis des bindezeichens zugeben,
wenn das zwei oder mehreren gleichartigen zusammensetzungen gemeinsame glied nur einmal genannt wird. Hier
zeigt sich wieder ein überaus großer unterschied der zeiten.
Grimm, dem in allen seinen schriften diese kurze aus-
drucksweise in ganz besonderem grade zugesagt hat, wendet
in frühster zeit striche an, z. b. Arm. H. 183 *freund-* und
brüderschaft, Wuk 53 *mehr-* oder *minderheit,* Altd. w. I,
139 *wiedergeburt* aus dem *thier-* in das stille *pflanzenreich,*
Altd. mus. II, 308 wird hier sinnreich auf ein *blas-* und
weiter unten auf ein *trinkhorn* angespielt, Abh. d. Frankf.
vereins f. d. spr. III, 294 ähnlicher *zusammen-setzung* und
-ziehung, Ir. elf. 210 durch alle *brombeer-* und wilde *rosen-
gesträuche,* Wuk XXXIII *konsonanz-an-* und *inlaut,* Gr.
I², VII die *kehl-* den *zungenlauten* vorordnen, 182 *in-*
und *aus-* (nicht *an-*) *lautend,* 497 verbindung des *sause-*
mit dem *kehllaut,* 918 *iu* gilt vor *lippen-* und *kehl-, iô*
vor *zungenlauten,* Kl. schr. II, 433 *daumen-* oder *faust-
langen,* 374 dem *feld-* und *gartenbau,* Wtb. II, 371 den

---

*) vgl. oben s. 7 *Klaut, chantaute.*

hab- hersch- und *genußsüchtigen*. Sehr viel häufiger in späteren zeiten überhebt sich Grimm des striches, so daß man wol diese weise als seine eigentliche regel bezeichnen darf. Aus einer großen menge vorliegender beispiele wähle ich aus: Gr. III, 251 bald *trenn* bald *untrennbaren*, IV, 256 im *freund* und *verwandtschaftsverhältnis*, Rechtsalt. 456 *stief* oder *schwiegermutter*, 735 *in* oder *außerhalb lands*, 739 *eltern* und *verwandtenmord**), Kl. schr. II, 122 *knochen* und *wundenheilende* kraft, 279 dem *brenn* oder *erzalter*, Weisth. III, III die *graf* und *herschaften*, Reinh. CCLXXII den *fuchs* und *wolffabeln*, Pfeiffer I, 132 *an, in* und *auslautend*, Myth. 350 die beschreibungen der *Johannis* stimmen zu denen der *Osterfeuer*, I, 38 den kleineren *vieh, speise* und *trankopfern*, II, 796 *luchs* und *bärenklauen*, 1132 eine *krebs* oder *krötenähnliche* gestalt Urspr. 19 *greif* oder *faßbar*, Abh. d. ak. 1858, 51 *rosse* und *wagenlenker*, 69 *mittel* und *neuhochdeutscher* sprache, Wtb. I, 93 frieden *auf*, fehde *ankündigen*, 99 die letzten *füllen*, *kalbs, lammszähne*, II, 160 des *roth* und *damwilds*, III, 272 *tuch* und *zeugmacher* stritten sich ehmals um den *rechts* oder *links einschlag*, 1146 den *zeige* und *kleinen finger*, IV, 4 der *schwarz* oder *tannenwald*.

Wenn es richtig ist, daß zusammensetzungen auch zusammengeschrieben werden, so wird Grimm in fällen der unterlaßung, welche sich besonders in seiner späteren zeit häufen, zu verstehen gegeben haben, daß er die wirkliche zusammensetzung, mag sie auch der allgemeine gebrauch als solche nehmen und bezeichnen, nicht anerkennt. Beispiele des vorangestellten genitivs wie „eilf *pflanzen namen*, der *Noahs kasten*, *analogien weise*" habe ich anderswo gesammelt**); hier laße ich verschiedene andere folgen:

---

*) dag. 696 *elternmörder* und *verwandtenmörder*. Dieser unzusammengezogenen form meine ich am meisten Gesch. d. d. spr. begegnet zu sein, z. b. 74. 110. 117. 131. 146. 152. 287. 361. 884. 385. 386. 390. 424. 658.

**) Myth. I, 193 liest man „in der *wochengötterreihe*", in 1. ausg. „*wochengötter reihe*".

Ir. elf. 202 *kopf über*, Myth. II, 1147 *rings um*, Kl. schr. II, 316. Myth. II, 1104 *gerade zu*, Personenw. 4 *gleich wol*, Kl. schr. I, 72 *über hand*, Pfeiffer III, 1. Kl. schr. II, 412 *die, das selbe*, Kl. schr. III, 417 *hier her*, II, 362 *irgend wo*, I, 217 *herab zu steigen, unter zu ordnen*, (vgl. 149. 212. II, 457. III, 415. Sendschr. 64. Abh. d. ak. 1858, 82. Bericht 1859, 258. Pfeiff. I, 20), Kl. schr. I, 239 *nach verlangt* (vgl. 146. 156). Daß dabei strenge und konsequenz walte, darf nicht erwartet werden. So steht Reinh. CXLVIII *bis her*, CXCVII *bisher*, Jornand. 39 *nach dem*, wofür in ders. schrift *nachdem* angetroffen wird. Auf einen höheren grad des individuellen sprachgefühls und der augenblicklichen eingebung weist der umstand hin, daß Grimm in vielen fällen, wo der weit überwiegende, ja allgemein zu nennende gebrauch getrennte schreibung befolgt, äußerlich zusammensetzt, z. b. Gr. I³ 23 *umso* mehr, Jornand. 24 *umsominder*, Abh. d. ak. 1845, 199 *umsovielmehr*, 214 *bisheute*, Myth. I, 366 *vorzeiten*, Kl. schr. III, 415 *wonicht*, Wtb. III, 1494 *den sommerlang* (vgl. eine zeitlang), Reinh. CLXXXII *anhand* geben, CLII *gleichgute*, Gr. I³, 244 ihr *zugefallen* (zu gef.), 330 *zutheil* wird, März. II, 498 *händevoll*, Reinh. LXII *vollgefreßen* (aber XXXVIII *dick gefreßen*), Gr. I¹, 155 *hierherhörende*, Myth. II, 907 *ähnlichabweichende*, 1173 *feierlichgefaßte*, Schmidts zeitschr. V, 460 *welfischgesinnten*, Wtb. I, LXIV *klarwerdende*, Pfeiff. XII, 125 *wundernehmen*. Wer leugnet, daß es unter diesen sehr empfehlenswerthe verbindungen gibt, während man bei andern keinen grund sieht? In der zusammenstellung: „den *ihm nectarschenkenden* Ganymed" (Myth. II, 1213), scheint es, muste entweder getrennt geschrieben werden oder das pronomen fehlen; ebenso ist „des gelbgefärbten und *sich schwarzfärbenden* Renart" (Reinh. CCLXXIII) bedenklich. Sonderbar nimmt sich aus: *voraus zuschickende, aus einandergesetzte* (Reinh. CCXXII. CCLXIX). Neben „sollst du" steht Kl. schr. III, 417 bei besonderem anlaß *sollstu*, auch *hörstu*.

Weit mehr als das bindezeichen hat Grimm den apostroph gemieden, dem er berechtigung einzuräumen um so weniger geneigt gewesen ist, als die mhd. sprache, der noch ganz andere, verhülltere fälle des vokalauswurfs zu gebote standen, seiner vollständig enträth*). Zwar in älteren schriften herscht noch viel unsicherheit, z. b. Sag. I, 25 ich leibs nicht; — trags an den nämlichen Platz, wo du's genommen haft, 194 ich bät, ich wär, aber wiederum er's, 271 übern, 278 ins Teufels Namen, 292 Schnell nahm er's Heft, II, 343 bang'; Wuk XXIII ein' und dieselbe, aber XXVII ein und dieselbe. Am weitesten erstreckt sich die zusammenziehung des neutralen *es*; vgl. März. I, 476 *verthats, verschenkts*, 460 Gott *gesegnes* dir, II, 181 *legtens, gabens, gabs, sollts*; Gr. I², 393 *schwankts*, 394 *kommts*, 444 *reimts*, II, 717 *scheints*, III, 94 *leitets*, 432 *gehörts*, 771 *ists*, IV, 238 mich *kümmerts, scheerts* viel, Wtb. I, LXIV *schadets*, Gesch. 239 *nennens*, Sendschr. 72 *sahs*, Myth. II, 961 *wolltes*, Gr. II, 140. Myth. I, 437 *sies*, Gr. II, 817 *mans*. Bei Pfeiffer II, 478 steht: eins *wies* andere. Der meisten schreibenden, auch derjenigen welche sonst dem apostroph abgeneigt sind, hauptsorge ist es den genitiv der eigennamen auf *s* durch diesen haken kenntlich zu machen: dem gegenüber liest und versteht man Irmenstr. 62 Hermes dem boten *Zeus*, Gr. I², XVI *Junius* abschrift, 45 *Ulphilas* rechtfertigung, Wuk VIII außerhalb *Methodius* bezirk, Kl. schr. II, 316 von *Eros* erzeugung, an *Alkibiades* seite, 429 *Zeus* günstiger oder zürnender, grollender donner.

---

*) Welchen anklang ein kürzlich gemachter vorschlag, ausgaben mittelhochdeutscher schriftsteller mit dem apostroph zu versehen, bei denen findet, die sie ohne ihn lesen und verstehen können, läßt sich denken.

Interpunktion.

Aus Göthes geständnis, die interpunktion sei eine kunst die er nie habe lernen können, darf freilich nicht gefolgert werden, daß auch dem grammatiker die volle bewältigung zu schwer falle, wol aber, daß es um theorie und praxis überhaupt höchst bedenklich stehe. Ob sich Grimm ein eigentliches system der deutschen zeichensetzung, deren herschende verworrenheit und unbestimmtheit ihm nicht verborgen sein konnte, geschaffen habe, wird sich kaum nachweisen laßen; meines wißens kommt weder in der grammatik noch sonst irgend etwas vor, was ausdrücklich auf feste und eigentliche grundsätze hinwiese. Aus seiner praxis, an welche daher die untersuchung sich zu wenden hat, wird sehr bald jene hauptrichtung erkannt, der er auch in allen andern verhältnissen der schreibung nachgegangen ist, einfachheit und beschränkung. Wer in der orthographie, wie er, alles müßige und unnütze nebenwerk vermieden oder vermieden gewünscht, sogenannte unterscheidungsgründe konventioneller erfindung verurtheilt, bindezeichen zuletzt weit überwiegend und apostrophen regelmäßig verschmäht hat, dem wird wol nirgends und gewis nicht in den schriften seiner letzten 40 jahre ein lästiges übermaß der interpunktionszeichen vorgeworfen werden dürfen. Er ist im gegentheile für das gewöhnliche und unvorbereitete verständnis nicht selten nur allzu sparsam gewesen, vielleicht in dem an sich richtigen glauben, daß der augenblickliche mangel bei sorgsamer erkenntnis durch größere vortheile sich werde aufwiegen laßen.

Von jener grundsätzlich empfehlenswerthen, nirgends das verständnis hemmenden weise, der zufolge satztheile als solche genommen und nicht in sätze aufgelöst gedacht werden, führe ich einige beispiele auf, aus welchen auf gleiche und ähnliche geschloßen werden kann: Kl. schr. I, 153 fragte Lachmann ohne es nachzuweisen*). Reinh. CXXX Lietart erschrocken bittet um aufschub**). Bericht d. ak. 1859, 420 namenlos unglücklich machte sie der verlust des schmuckes erst recht in liebe zu Woud entbrennen. Abh. d. ak. 1845, 241 Wer Graffs wörterbuch aufschlagend mag sich — zurechtfinden! Kl. schr. I, 129 Das wahrgenommen thue ich kühnen seitenschritt. II, 327 Wie gesagt erscheint nun Wunsch. Weit schwerer fällt ins gewicht, daß vollständige sätze ohne durch zeichen von dem benachbarten satze getrennt zu sein auftreten: Kl. schr. I, 145 die schweren verluste die uns heuer getroffen haben. 163 da hält ein kind den kopf oder dreht die achsel genau wie es der vater oder der großvater gethan hatte und aus seiner kehle erschallen bestimmte laute mit derselben modulation. 247 bei jedem wißenschaftlich arbeitenden soll sich aber ein untrügliches gefühl einfinden für die unterscheidung dessen was abgethan und erledigt sei von dem was sich vorbereitet habe und in raschen angriff genommen werden müße. II, 15 welche feste in ganz Deutschland auf den 1. mai fielen ist bekannt und der heil. Waldburg zu ehren wäre Phol um einen tag fortgeschoben worden. 83 Am sichersten einführen in das finnische epos selbst wird uns eine betrachtung der örter und länder in welchen es spielt und hier stoßen wir —. 120 ich weiß nicht welchen von beiden Marcellus meint. 146 alles ist voll geheimer sympathie und wie die spinne an ihren fäden aufsteigt soll die geschwulst aufgehn. 366 was von dieser regel aus-

---

*) Vor dem bloßen präpos. infinitiv versteht sich der mangel des komma von selbst. Auch vor „wie" und „als", vor „oder, noch, sondern" und in angrenzenden fällen, die hier übergangen werden müßen, darf man es nicht immer erwarten.

**) dag. CXXXV ein andrer karn, weinbeladen, fährt die straße.

zunehmen ist dient sie desto mehr zu bestätigen. Theol. stud. u. krit. 1839, 748 man kann sich denken daß wer fehlt damit noch nicht übertritt oder verbricht. Wtb. III, 1477 ob und wie schon unser abd. champfio — fr. champion eins sei zu untersuchen fällt nicht hierher. Haupt I, 2 Wie tief in unsern volkssagen die geheimnisvolle beziehung des menschlichen leibs auf die erde und welt überhaupt noch wurzele ergibt sich aus den oft wiederholten erzählungen von felsen die ein abgehauenes stück von dem riesen oder von seen die sein entströmendes blut hervorbringt (vgl. IV, 501. 507. VI, 1). An dergleichen beispielen, welche sich überall wohin man seine blicke wirft beliebig vermehren laßen, kann der setzer, dem eine solche beschränkung gegen alle und also auch seine eigne gewohnheit nicht in den sinn fallen wird, keinen antheil haben. Großer irrthum wäre es übrigens anzunehmen, daß nicht auch proben mehr oder weniger bedeutender abweichungen von dieser auffallenden sparsamkeit aus Grimms schriften zu entnehmen wären. Ferner wird man, ohne daß gerade vollständige sätze sich berührten, das komma bisweilen ebenso ungern vermissen, z. b. Gr. I², 121 nur ist jenes isila ausnahme nicht regel. Kl. schr. I, 26 einigemal jener war ich dieser nie bedürftig.

Nun aber befindet sich in einem sehr starken gegensatze, ja widerspruche zu den bisher vorgeführten beschränkungen die thatsache, daß Grimm und zwar noch häufiger als es dem gebrauche gestattet zu sein pflegt adverbialausdrücke nicht selten der einfachsten art abtrennt, z. b. Myth. I, 417 Laurin war, nach den gedichten, über 400 jahre alt. Abh. d. ak. 1845, 205 schon die Gothen werden, mit der sache, den ausdruck gehabt haben. Reinh. 274 wenn nicht, auffallend, einzelne —. Wien. jahrb. 46, 223 aus einem, nulla certa lege, geschehenden häufigen buchstabenwechsel*). Gött. anz. 1836,

---

*) Das zweite komma würde hinter „geschehenden" viel bequemeren stand haben.

324 gewinnen dadurch slavische paläographie, geschichte und grammatik, in wesentlichen dingen, ein verändertes ansehen. Gr. II, 404 der, möglicherweise, flexivische ursprung. Kl. schr. I, 252 die wichtigste angelegenheit der akademie, ohne rückhalt, zur sprache zu bringen. 327 Ernst und liebe stehn uns Deutschen, nach dem dichter, wol. II, 340 der zwiespalt zwischen kaiser und pabst, um diese zeit, muste —. Wtb. III, 1545 sieht darin, mit recht, verachtung ausgedrückt. Fällt es überhaupt schwer diese interpunktionsweise auf einen annehmlichen grund zurückzuführen, so erregt sie im vergleiche zu dem eben dargelegten mangel aller und jeder zeichen in der verbindung zweier und sogar mehrerer sätze nur eine desto stärkere verwunderung. In folgendem falle anderer art befremdet die interpunktion ebenfalls: Gr. I², 954 und einzelne, wenige stehen zweifelhaft hier oder dort. Merkels lex sal. XX mit angehängtem, verkleinerndem k. Wie aber erklärt sich das komma innerhalb eines einfachen satzes? Man vergl. Gr. I², 115 eine historische entwickelung der romanischen mundarten, würde viele dabei waltenden regeln und ausnahmen anschaulich machen. II, 358 Endlich ist, das ahd. — ingun weder ein gen. pl. —. 661 Viele der gegebnen belege, liefern das adv. (vgl. 824. III, 58. 104. IV, 911). Kl. schr. II, 7 in einem denkmal voll alterthümlicher formen, darf auch ein dunkles adv. noch unangetastet stehn bleiben. 320 auf diesem punkt, rinnen mutter und sohn ganz in einander. 385 die meisten apsarasennamen, deuten auf wolken. Sind dieß lauter fehler des setzers? Schwerlich. Ein urtheil, welches sich auf einen theil solcher beispiele, die sich leicht mehren laßen, erstrecken könnte, würde im gegensatze zu den sonst bestimmenden logischen verhältnissen des satzes die redepausen ins auge faßen.

Von dem allgemeinen brauch einander ohne konjunktion beigeordnete wörter durch zeichen auseinanderzuhalten weicht Grimm häufig ab, z. b. Reinh. LXI esel bock und widder. Merkel LXXX sperber hahn henno kranich schwan ente taube. Haupt II, 258 eine unlustige gestrobelte grindige rußige grobe schlüchtische rotte. Gesch. 1 ein goldenes silbernes ehernes eisernes zeitalter. 16 samt frauen kindern verwandten freunden. 163 im äolischen jonischen dorischen dialekt. 275 mit offnem vollem mund. Kl. sch. II, 212 nur die rohsten grausamsten menschen. Urspr. 25 mit Adam Eva Noah Abraham Moses. Bei der apposition habe ich den mangel der interpunktion verhältnismäßig selten wahrgenommen; vgl. Jornand. 44 Beider volksnamen Getae und Daci anlaute. Kl. schr. II, 441 Arnuphis ein ägyptischer magier in des kaisers gefolge. Pfeiffer II, 477 Niemand weder Docen, Wackernagel noch Hagen, Simrock zweifelte bisher daran. Viel häufiger ist die apposition, was schwerer zu rechtfertigen fällt, nur an der einen statt an beiden seiten von dem übrigen inhalt der rede getrennt, z. b. Kl. schr. II, 315 Plato hat in einem seiner dialoge, im symposium das wesen des Eros besprochen. 328 Dazu stimmt, daß Hnikar, eine andere personification Odins den segelnden — allen meeressturm stillt. das. Allen solchen vorstellungen schließt sich Hermeswuotan, der psychopomp und götterbote an. 371 eine der zartesten blumen, die maiblume mit duftenden glöcklein führt —. 450 soll Balder, der göttliche held seinem heer — (vgl. noch das. 90. 95. 338. 342. 381). Durch eigenthümlichen zufall wechseln in einem und demselben satze (Kl. schr. II, 109) alle drei verschiedenen weisen: „Ahava, der westwind, zeugt mit Ponitar (der welpin), einer blinden frau in Pohja die hunde wie Achills rosse Xanthos und Balios von Zephyros mit der harpye Podarge gezeugt werden". Appositionelle konstruktionen mit dem adjektiv oder partizip verhalten sich wie die apposition selbst. Auch hier ist ein einziges komma auffallender als keins, z. b. Kl. schr. II, 11 Das zweite gedicht doppelt so lang als das erste, unterliegt —. 212 Das menschengeschlecht, durch vielfache bande an einander hängend würde —. 367 jene schalthiere, am gestade des meers klebend und verschlammt nehmen —.

III, 424 König Guntram, von der jagd ermüdet war — eingeschlafen. Endlich zeigt sich bei vollständigen nebensätzen dasselbe; vgl. Kl. schr. I, 159 ihm lagen zu jedem altdeutschen dichter, den er vornahm bald die mühsamsten reimregister zur hand. 173 mit dem Rolandslied und allen gestaltungen des Rosengarten, so viel er ihrer habhaft werden konnte war er höchst vertraut. II, 322 des Eros' anschluß an Hermes, der die seelen geleitet findet sich —. 366 alle pflanzen sind gefeßelt an den boden, in dem sie wurzel schlagen und dürfen —.

Aus der beschränkung des komma folgt, daß auch der gebrauch des semikolon sich mindere. Abgesehen aber davon weisen Grimms schriften, insonderheit seine grammatik, die umfangreichste verwendung des komma für das gebräuchlichere semikolon oder gar, wofür man sich bisweilen noch lieber entscheiden dürfte, den punkt. Leicht sammeln sich in menge interpunktionen wie folgende (Kl. schr. II, 305): „Bei geschenk denken wir heutzutage ebensowenig an fusio, bei schenken nicht an fundere, sondern haben den alten begrif auf das zusammengesetzte einschenken infundere beschränkt, schenken, ohne ein zugefügtes wein bier milch u. s. w. drückt uns überall donare aus, bin ich aber auf rechter fährte, so —".

Den merkmalen, welche bisher an Grimms interpunktion erkannt worden sind, so eigenthümlich im ganzen seine weise unstreitig ist, darf natürlich nicht eine solche stätigkeit beigemeßen werden, daß sie gradezu als feststehend karakteristische eigenschaften betrachtet werden könnten; sie treten vielmehr, was sich in mehreren fällen auch gezeigt hat, wie so manches auf dem gebiete seiner schreibung, nicht konsequent, nicht zu jeder zeit gleich auf, so daß auch sie auf individuelle stimmungen hinzuweisen scheinen. Von anderer seite kommt jetzt in betracht, daß Grimm in seiner frühsten periode die zeichen weit mehr nach dem herkommen zu setzen pflegte, ungefähr dieselbe weise befolgte, deren grundkarakter sich seit jener zeit bis auf den gegenwärtigen tag überall bekannt und geltend gemacht hat. Man vergleiche Sag. I, IX eine Nothwendigkeit scheinen, die mit ins Haus gehört, sich von selbst versteht, und nicht anders, als mit einer gewissen, zu allen rechtschaffenen Dingen nöthigen Andacht, bei dem rechten Anlaß, zur Sprache kommt. Irmenstr. 5 in welchen, wie in der Natur insgemein, bis in ihre kleinsten Theile, ein lebendiges Geschäft wacht. Hall. lit. zeit. 1812, 250 weil sie nicht weniger noch besonders, so gut wie andere, den, erst bestimmenden, Artikel annehmen. Ir elf. CXIII den Hauswichtlein werden, da sie klein sind, Kinderspielsachen, in den Keller oder die Scheune, ihren gewöhnlichen Aufenthaltsort gelegt. 65 Eben, als ich, wie gesagt, im Begriffe war, aufzustehen. Indessen begegnet auch schon damals bisweilen eine ganz andere weise, z. b. Irmenstr. 59 die von Amphion dem Saitenspieler gebaute Stadt, hatte wie Babais und Rostok, sieben Thore. Schlegels mus. I, 413 Fuchs und Sperling schleppten den Gevatter heim, wie ihn der Herr sah, sprach er, der ist ja todt. Gr. I¹, 621 können fast nicht mehr entbehrt werden, aber doch manchmal und es dauern verschiedene Endungen mit und neben dem was sie ersetzen soll fort. Ir. elf. 64 Gegen Mitternacht glaubte ich sein Ende sei gekommen und ich stand auf, den Mann zu holen.

Beim fragezeichen stößt man auf einen höchst eigenthümlichen gebrauch Grimms, der ihm früh nachgewiesen werden kann und bis zuletzt verblieben ist: er setzt nemlich gern das zeichen auch nach der indirekten frage, z. b. Sag. II, 176 Da beschwor sie der gute mann, daß sie ihm hinterbrächten, was sie geworben hätten? Kl. schr. III, 416 schlug ich auf der stelle nach, was er darüber beigebracht haben möge? Vgl. brieflich bei Pfeiffer XI, 384 ich lasse ihn grüßen und ob ich ihm Dornavii amphitheatrum schenken solle? — Und was er zu W. Müllers angekündigter ausg. sage?*) Hiebei ereignet es sich auch, daß bei voraufgehender frage das zeichen in die

---

*) Andere beispiele in menge habe ich in der schrift über deutsche orthographie s. 185 gesammelt.

mitte des satzes geräth, z. b. Wien. jahrb. 70, 41 Aus welcher sprache nun die Gothen klismô entlehnten, von woher ihnen das instrument zugeführt wurde? das muß künftigen entdeckungen vorbehalten bleiben. Merkel LXXII Fragt sich, ob — ein schwacher acc. von cheristada sei? der ganz zu jenem tuggôna stimmte. Neben dem. fragezeichen befindet sich Wtb. I, VII aus rücksicht auf den folgenden relativsatz ein komma: „wozu ihm noch immer handbücher und auszüge unseres gewaltigen sprachhortes und alten erbes vorlegen?, die statt dafür einzunehmen davon ableiten". Ferner kommt das fragezeichen nach einem satze vor, der überhaupt kein grammatischer fragsatz ist, z. b. Wuk XII Das übrige Europa wird, wenn es aufmerken will, nach den ursachen fragen, die hier im wege stehen, nach den gründen, die eine von millionen menschen geredete sprache schriftunfähig machen?. Wien. jahrb. 70, 37 das izu ist aus versehen stehen geblieben? sollte man glauben; vgl. Altd. bl. I, 418, wo ein langer satz dem worte „vielleicht" zu gefallen mit dem fragzeichen schließt, desgleichen zur bezeichnung der vermuthung, mithin des zweifels, im Bericht d. ak. 1859, 521 „wichtiger schiene schon die thrakische kürzung Bendis für Benedis? aus dem dreisilbigen wort könnten die Griechen ein zweisilbiges Bendis gemacht haben?" Dem fragzeichen bei indirekter frage steht der mangel desselben bei der direkten entgegen, z. b. Sag. II, 106 weist du nicht, Gott kann thun, was er will. Merkel LXVII Wer wollte zweifeln, daß —. Altd. bl. I, 417 was soll das müßige „zum ersten", da hernach keine weitere begabung folgt. Liebrechts Pent. IX Denn was könnte —. Dergleichen fragen sind formell und laßen sich in behauptungen verwandeln.

Den kasus der anrede sondert auch Grimm von dem inhalt der rede ab; der mehrfache wechsel in Schlegels mus. I, 413 u. 414*) gehört zu jenen ungenauigkeiten,

---

*) „Fuhrmann es koſtet dir dein Leben!" — „Fuhrmann, es koſtet dir

welche schon oft zu tage getreten sind. In den briefen, die ich gesehen habe, pflegte Grimm die überschriftliche anrede mit einem komma, nicht mit einem ausrufungszeichen zu begleiten.

Den nutzen und die relative nothwendigkeit der sogenannten häkchen oder anführungszeichen gibt Grimm (Personenw. 38) für gewisse fälle der wechselrede zu, auch für die einführung der wirklich fremden äußerungen in den text hat er sich selbst dieser zeichen bedient, z. b. Jornand. 53. Kl. schr. II, 291. 292. Wtb. I, LXIV. Dahingegen ist es ihm insgemein überflüßig erschienen sie für die bloße leitung des verständnisses bei allen möglichen wörtern, namen, ausdrücken, welche in der rede angeführt werden, zu gebrauchen; vgl. Haupt I, 2 der heutige kinderglaube nach den sternen deuten engeln in die augen greifen heißt —. VII, 466 wie aus ich habe gesehen die vorstellung ich weiß, entspringt aus der ich habe bei mir aufgenommen die abstraction ich bin hold oder ich liebe. Kl. schr. III, 100 es kommt hinzu, daß seine bescheidenheit*) nicht in ihrer echten gestalt aufbewahrt ist. In der abh. über die namen des donners (Kl. schr. II, 421 fg.), wo aufgeführt wird, was einzelne völker sagen, wenn donner vernommen wird, steht theils gar kein zeichen theils ein komma theils ein kolon, aber häkchen sind nicht zu sehen. Einen früheren gebrauch des kolon in beispielen wie Gr. I¹, 641 „durch: gehalten sondert sich die partizipiale form", Pfeiffer XI, 379 „bruchstück eines altholländischen lieber: flamländischen gedichts" hat Grimm mit recht bald wieder aufgegeben. Im Wtb. II, III spricht er darüber, daß die fortlaufende reihe gleichartiger belege von ihm durch ein semikolon, von seinem bruder durch einen punkt bezeichnet worden

---

dein Leben!" — „Fuhrmann! es kostet dir dein Leben." Der punkt ist zuletzt eingetreten, weil ein ausrufungszeichen vorhergeht.

*) Freidanks gedicht dieses namens.

sei; er verbindet damit noch einige andere bemerkungen über die interpunktion bei beweisstellen.

Kaum mag irgend ein schriftsteller sich so häufig der klammern bedient haben als Grimm; zumal bei der knappen und eigenthümlichen darstellung in der grammatik leisten sie ganz wesentliche und unentbehrliche dienste.